D1747740

Hannes Androsch

Warum Österreich so ist, wie es ist

Hannes Androsch

Warum Österreich so ist, wie es ist

Eine Synthese aus Widersprüchen

K&S

Meinen Kindern und Enkelkindern gewidmet.

ISBN: 3-2180-0713-5
Copyright © 2003 by Buchverlage Kremayr & Scheriau/Orac
Alle Rechte vorbehalten
Schutzumschlag: Zembsch' Werkstatt, München
Satz: Zehetner Ges. m. b. H., A-2105 Oberrohrbach
Druck: Ueberreuter Print und Digimedia GmbH, 2100 Korneuburg

Inhalt

Vorwort 9

Zwischen Arkadien und Kakanien 11
*Ein Selbstverständnis aus Geschichte und Sehnsuchtsbild –
Klischees und Karikaturen – Das Charakteristische ist der
Widerspruch – Weltbürgertum und Provinzialität –
Inszenierung und Selbstdarstellung*

Von den Grenzen zum Ganzen 23
*Vielfalt in der Einheit – Wo liegt Europa, und wo steht
Österreich? – Grenzdefinition: Ideen und Ideale –
Große Zusammenhänge und kleine Bezüge: Österreich
und seine Bundesländer*

In Glanz und Glorie 35
*Von der barocken Feudalherrlichkeit zur späten
Aufklärung – Österreich von Anbeginn: Völker und
Reiche – Das spätmittelalterliche Patriae Domus Austriae
als Keimzelle*

Absolutistische Reminiszenzen 45
*Der Österreicher und sein Staat – Rekatholisierung statt
Aufklärung: Die Monarchie als Rückzugsgebiet des
Konservatismus – Das Hl. Römische Reich und Österreichs
erbliches Kaisertum*

Verdrängter Liberalismus 51
*Die lange Tradition der Wirtschaftsfeindlichkeit –
Halbherzige Industrialisierung und ungenutzte
Chancen – Das österreichische Schicksal des Freiherrn
von Bruck – Habsburgs wirtschaftliches Königgrätz*

BIEDERMEIERIDYLL CONTRA VORMÄRZ 61
Gesellschaftliche Umbrüche im Vormärz – Österreichs legendäres Beamtentum – Das Weiße Gold verliert seinen Glanz: Salzwesen als Fallbeispiel österreichischer Staatsindustrie – Österreichs Kunst wächst aus dem Volk

DIE MONARCHIE ZERBRICHT. 71
Der Vielvölkerstaat als gescheitertes Weltexperiment – Die mythische Wandlung der Welt von Gestern – Wien und das Fin de siècle – Offene Systemansätze als wissenschaftliches Leitbild

L'AUTRICHE C'EST CE QUI RESTE 81
Die junge Republik: ein Staat, den keiner wollte – Zweifel an der wirtschaftlichen Überlebensfähigkeit – Im Krisental von Inflation und Arbeitslosigkeit – Austrofaschistischer Ständestaat, Bürgerkrieg und finis Austriae

EIN BRAUNES REQUIEM 91
Anschluß an Nazi-Deutschland: Der erloschene Staat – Antisemitismus und Holocaust – Mitschuld und Sühne – Hilfsbereitschaft contra Rechtspopulismus – Niemals vergessen! ist Verpflichtung und Verantwortung

EIN STAAT, DEN ALLE WOLLEN 107
Die Not der Nachkriegszeit – Bewußtwerden einer österreichischen Identität – Große Koalition und Sozialpartnerschaft: Eine Erfolgsstory – Neuorientierung: Integration ins westliche Wirtschaftssystem – Rolle und Leistungen der Sozialpartner – Auf dem Weg zur Massenkonsumgesellschaft

VOM ARMENHAUS ZUR WOHLSTANDSGESELLSCHAFT . . 115
Wiederaufbau und Wirtschaftswachstum – Selbstvertrauen und Entschlossenheit: Rahmenbedingungen

*wirtschaftlicher Effizienz – Mißverstandener
Austrokeynesianismus – Hartwährungspolitik als
Vorstufe zum Euro*

DIE WELT IM UMBRUCH UND EUROPA IM WANDEL .. 129
*Globalisierung und Europäisierung – Veränderungen
und Gefahren: Vom Fall der Berliner Mauer zum Fall
der New Yorker Twin-Tower – Agequake – Österreich
im 21. Jahrhundert: Herausforderungen und Aufgabe*

DANKSAGUNG 141

ZUM AUTOR 143

Vorwort

Die Ambition der Fragestellung „Warum Österreich so ist, wie es ist" greift hoch, ebenso wie das Unterfangen, im Rahmen eines Essays den großen Bogen von der Vergangenheit über die österreichische Gegenwart in eine globale Zukunft zu spannen. Teile dieser Schrift erschienen erstmals unter dem Titel „Auf der Suche nach Identität – Österreich. Vergangenheit, Gegenwart und Zukunft: Eine Synthese der Widersprüche" im Jahre 1988; sie wurden vollständig überarbeitet und beträchtlich ergänzt. Es sind seitdem immerhin 15 Jahre Geschichte vergangen und vieles hat sich verändert.

Obwohl die viel beschworene Schwelle des Millenniums, der als Symbol für Zukunft zahlreiche kritische Reflexionen gewidmet waren, längst überschritten ist, steht Österreich gerade heute vor neuen Aufgaben und Herausforderungen. Es ist notwendig, der Frage „Woher kommen wir?" nachzuspüren. Dies gilt insbesondere für unsere jüngere Geschichte mit ihren tragischen Ereignissen. Denn ohne Herkunft keine Zukunft. Ein italienisches Sprichwort sagt: „Der Kluge horcht in die Vergangenheit, denkt an die Zukunft und handelt in der Gegenwart."

Daß für diese Geschichtserzählung die Form des Essays gewählt wurde, geschah ganz im Verständnis von Karl Kraus, der im Historiker einen „rückwärts gewandten Journalisten" sah. Sie erfaßt die Ursprünge Österreichs, die Logik seiner Geographie, die zuweilen von Trennlinien unterbrochen war, bis hin zu den Zukunftsperspektiven der Zweiten Republik. Trotz der Rückständigkeit noch in der Monarchie und erst recht im Armenhaus der Ersten Republik, das im Bürgerkrieg und in der Diktatur des Austrofaschismus endete, ehe es noch vor dem Münchner Abkommen mit teilnahmsloser Billigung der internationalen Gemeinschaft einem Nazideutschland eingegliedert wurde, und trotz der Schäden, Leiden und Opfer des Zweiten Weltkrieges, trotz der Behinderungen und Belastungen, die eine zehnjährige Besatzung nach der Nazidiktatur mit sich brachte, ist die Zweite Republik zu einer bemerkenswerten Erfolgsstory geworden. Österreich gehört mittlerweile zu den wohlhabendsten Ländern Europas und damit der Welt. Wir haben einen geräumigen, zum Teil schon zu geräumigen Wohlfahrtsstaat, erfreuen uns einer weitgehend gesunden Umwelt und großer innerer Sicherheit, genießen also hohe Lebensqualität.

Angesichts der weiter fortschreitenden Integration Europas, angesichts von Globalisierung und neuen globalen Bedrohungen und Problemen, sind heute Standpunkt und Stellenwert Österreichs zu überdenken. Es genügt nicht, ein Ziel zu haben und es zu formulieren, es gilt, Strategien zu entwickeln. Doch Zukunftsgestaltung ruht auf der Grundlage von Vergangenheitskenntnis. Der Philosoph Georg Santayana meint: „Diejenigen, die vergessen, die Vergangenheit zu studieren, sind verurteilt, sie zu wiederholen."

Hannes Androsch

Zwischen Arkadien und Kakanien

Als eine „Insel der Seligen" wurde Österreich gelegentlich apostrophiert, namentlich von Papst Paul VI.; und auch das „glückliche" Österreich – „felix Austria" – ist ein schmückendes und daher gerne zitiertes Etikett der Historie. Die österreichische Selbstdarstellung wählt sich nicht ohne Vorbedacht das Reich der Legenden zur Bühne, umgibt sich mit den architektonischen Versatzstücken der „guten, alten" Zeiten, als die Donaumonarchie noch halb Europa abdeckte, drapiert die Requisiten von Operettenseligkeit um seine musikalischen Vorzeigegenies und zelebriert die zuckersüßen Klischees von Mozartkugeln, Sängerknaben und Lipizzanern. „Die tollste Komödie aller Zeiten ist Österreich. Kein Theaterstück der Welt kommt an dieses heran," konzedierte Thomas Bernhard. Er war es schließlich auch, der die austrobarocke Selbstinszenierung um unliebsame Szenen ergänzte, die in der eingeübten Aufführungspraxis des Fremdenverkehrslandes stets gestrichen wurden: der „Heldenplatz" etwa.

So existieren ein virtuelles und ein reales Österreich, neben- und miteinander, und der Vorwurf, es wäre typisch österreichisch, die beiden Bilder nicht zur Deckung bringen zu können, ist oft zu hören. Hermann Bahr diagnostizierte, den Angehörigen des Hauses Habsburg habe quer durch die 640 Jahre ihrer Regentschaft der Sinn für das Wirkliche gefehlt. Umfassender noch erkannte Johann Nestroy, daß es im Grunde die spezifisch doppelsinnige Beziehung des Österreichers zu seinen eigenen Ausweispapieren sei, die das ganze Land charakterisieren würde: „Der Österreicher hält nur das für wirklich, wovon er den Schein in Händen hält." Nicht ganz zu unrecht nannte daher Hanns Sassmann Österreich „das Reich der Träumer", wo man sich in einem fast aristokratischen Stolz mit den Realitäten nur notgedrungen und widerwillig beschäftigt. Es ließe sich in Österreichs kunstreich erfundenem Arkadien wohl leichter, reicher und wahrscheinlich auch tiefer leben, als in der übrigen, materialisierten Welt mit ihrem dichten Netz von Nützlichkeiten. Doch die Realität sieht eben anders aus.

Vielleicht erklärt gerade dieser realitätsferne Wesenszug die Vorliebe Österreichs, sich selbst als ein Land der Künste und ein Reich der Künstler vorzustellen. Es ist nicht zu bestreiten, daß auch das heutige Österreich in den Künsten erstaunliche Leistungen vollbringt. Viele Namen lassen sich aufzählen: In der Literatur etwa H. C. Artmann, Ilse Aichinger, Ingeborg Bachmann, Thomas Bernhard, Wolfgang Bauer, Franz Theodor Csokor, Barbara Frischmuth, Humbert Fink, Peter Handke, Josef Haslinger, Ernst Jandl, Elfriede Jelinek, Andreas Okopenko, Gerhard Roth, Peter Turrini, Oswald Wiener; in der bildenden Kunst etwa Bruno Gironcolli, Helmut Gsölpointner, Alfred Hrdlicka, Fritz Wotruba, Adolf Frohner, Wolfgang Hollegha, Friedensreich Hundertwasser, Kiki Kogelnig, Anton Kolig, Karl Korab, Maria Lassnig, die Gruppe der Wiener Aktionisten mit Hermann Nitsch, Josef Mikl, Walter Pichler, Arnulf Rainer, Franz Ringel, Ulrike Truger, Hans Staudacher; in der Architektur die Erfolgsduos Coop-Himmelb(l)au und Ortner & Ortner, Günter Domenig, Hans Hollein, Wilhelm Holzbauer und Gustav Peichl, Roland Rainer, Karl Schwanzer; in der Musik Friedrich Cerha, Gottfried von Einem, Heinz-Karl Gruber, Anton Heiller, György Ligeti, Werner Preisgott Pirchner, Kurt Schwertsik, Gerhard Wimberger – um nur einige der Arrivierten aus den klassischen Sparten zu nennen. Gleiches gilt sicherlich auch für manche Bereiche in Technik und Wissenschaft. Das Österreichbild im Ausland wird nicht zuletzt durch diese Leistungen bestimmt. Die Österreicher selbst hegen eine geradezu religiöse Verehrung für manche Kunstpersönlichkeiten, hängen mit unerschütterlicher Hingabe an ihren Lieblingsschauspielern, und die Besetzung und das Diktum eines Staatsopernchefs oder Salzburger Festspielintendanten vermag in weit höherem Maße die Gemüter zu erhitzen als die Frage, wer Bundeskanzler wird oder gar der Appell dieses Staatschefs.

Kritisch ist jedoch anzumerken, daß die Volksmeinung jene identifikative Vereinnahmung der Kunst für eine Kulturnation Österreich meist auf die Vergangenheit bezieht. Denn die längst anerkannten Werke der Geschichte verlangen weder Risikobereitschaft noch finanzielle Zuwendung, verlangen weder Initiative noch Engagement. Anders wäre es kaum erklärlich, warum sich Volksbegehren (etwa gegen eine Wiener Weltausstellung oder gegen ein neues Linzer Opernhaus) gegen Kulturprojekte richten und das Los später Anerkennung als österreichisches Künstlerschicksal bekannt ist. Sucht man Österreichs Arkadien im Reich der Künste also vergeblich, so kennt man hier noch andere Arten, sich in anerzogener Nonchalance über die Tatsachen zu erheben, um den Widerspruch zwischen realer Kleinheit des Landes und seinem visionären Anspruch im schönen Schein aufzuheben.

Wem das Bewußtsein, Bürger eines Kleinstaates zu sein, zu gering erscheint, der beruft sich auf die Macht einer großen Vergangenheit, die wahrlich ein Öster-Reich gigantischer Ausmaße birgt. Leicht läßt sich lächeln über soviel Selbstüberschätzung, doch dies wäre ein Spott der Geschichtslosen. Das Österreich der Habsburgermonarchie überschritt die Grenzen Europas, verstand sich als sein Mittelpunkt und Machtzentrum. Doch selbst wenn die Sehnsucht nach einem untergegangenen Kakanien als eine achtenswert frühe Idee von Europa interpretiert wird, als die Rückbesinnung auf eine – nicht zuletzt von jüdischer Intellektualität getragene – Geisteskultur, die unter den Stiefeln Nazideutschlands zertreten wurde, ist Stefan Zweigs „Welt von Gestern" einer jüngeren Generation, kaum noch in der Erzählung erinnerlich, eine Welt von vor- und vorvorgestern geworden. Die

Wirklichkeit sieht anders aus. Die Selbstverständlichkeit eines Weltbürgertums und einer Europazugehörigkeit ist heute eine andere als jene einer vergessenen, „kaisergelben" Landkarte.

Dennoch besitzt ein literarisches Kakanien, das fiktive, ironische Abbild Österreichs, das Robert Musil im achten Kapitel seines „Mannes ohne Eigenschaften" zeichnet, manche aktuelle Dimension; wörtlich heißt es dort: „Verwaltet wurde dieses Land in einer aufgeklärten, wenig fühlbaren Weise von der besten Bürokratie Europas, der man nur einen Fehler nachsagen konnte: Sie empfand Genie und geniale Unternehmungssucht an Privatpersonen, die nicht durch hohe Geburt oder einen Staatsauftrag dazu privilegiert waren, als vorlautes Benehmen und Anmaßung. Und in Kakanien wurde überdies immer nur ein Genie für einen Lümmel gehalten, aber niemals, wie es anderswo vorkam, schon der Lümmel für ein Genie."

Jenes Kakanien tritt uns in geistreich formulierten Anekdoten, einer wahrhaft österreichischen Form des Erzählens, entgegen, und in der tieferen Einsicht in dieses Reich des Geistes ist es einer heutigen österreichische Wesensart gar nicht so fremd. Die symbiotische Beziehung der Gegensätzlichkeiten bleibt damals wie heute charakteristisch; für die Behauptung eines typischen Österreichmerkmales ist immer auch ihr Gegenteil wahr, oder wie der österreichische Kabarettist Werner Schneyder es formulierte: „Österreich ist seinem Wesen nach eine Koalition. Hier koaliert alles mit allem. Der Amtsmißbrauch mit der Beamtenkorrektheit, die Industrie mit der Gewerkschaft, der Bestattungsverein mit dem Automobilclub, die Wahrheit mit der Lüge, die kleine List mit der großen Idee, die Vergangenheit mit der Zukunft. Alles besteht nebeneinander und stört einander nicht."

„Österreich: Hier wurde Gut und Böse des mitteleuropäischen Geistes geboren, hier war die Geburtsstätte des Antisemitismus und des Zionismus, hier erblickte im Nibelungenland die deutsche Sprache das Licht der Welt (in Pöchlarn an der Donau). Hier starb sie einige Jahrhunderte später (in Braunau am Inn)", schrieb Anton Kuh.

Die Veränderungen, denen sich die Österreicher in diesem Jahrhundert gegenüber sahen, waren größer als in jedem anderen europäischen Land. Ein um 1900 Geborener und als Staatsbeamter Tätiger hat bei normaler Lebenslänge fünf Hymnen gehört, hatte sieben Eide zu schwören, hatte in fünf Währungen bezahlt, mehrfach seine Ersparnisse verloren und sechs Staatsbezeichnungen erlebt.

Die österreichische Identität ist eine tiefgründige, eine tief verwurzelte, eine vielfältige und vielschichtige, vor allem jedoch ist sie voller Widersprüche. Denn dieses Österreich wurde geprägt durch vielfältige und oft widersprüchliche Einflüsse und Entwicklungen. Es liegt seit jeher am Schnittpunkt unterschiedlicher Kulturen, es wurde von einer Vielzahl von Völkern besiedelt, es zeichnete sich durch eine beeindruckende Vielfalt und Gegensätzlichkeit in der Landschaft aus. Die Umstände, unter denen die Zweite Republik wieder ins Leben trat, der staatliche wie ökonomische Notstand, der Generationswechsel und die gesellschaftlichen Umwälzungen, das so vielfältig und revolutionär veränderte Szenario und die zehnjährige Besatzung, sie begünstigten ein Zurückziehen in sich selbst, geistig und seelisch, sowohl eine Abkapselung gegenüber dem Gestern, eine Außerkraftsetzung der eigenen Vergangenheit, wie auch die Konzentration auf die Behauptung der reinen Existenz.

Dies bedingt manche Widersprüchlichkeit. Was ist dieses österreichische Land, das, wie Wolfgang Bauer schreibt, die Form einer Bauchspeicheldrüse aufweist, die im Falle der Entzündung sich selbst verdaut? Der steirische Dramatiker nimmt die Ursache dieser Unverdaulichkeit in einem permanenten Verdrängungsprozeß seiner Vergangenheit wahr, in einer besonderen Art von Geisteskrankheit, wie sie der Wiener Psychiater Erwin Ringel in seiner „Österreichischen Seele" mit dem Vokabular der Psychoanalyse beschrieben hat. Geschichte ist in Österreich beschworener Mythos und schamhaft verdrängter Vergangenheitsmakel zugleich, „denn es ist an sich eine unerträgliche Vorstellung, als Einwohner eines Kleinstaates mit einem derartigen Übermaß an Vergangenheit konfrontiert zu werden" (Karl Kraus).

In Österreich existieren offenes Weltbürgertum und tiefe Provinzialität in einer nahezu symbiotischen Beziehung, geben einander Gutmütigkeit und Bösartigkeit die Hand, hier wird viel Lärm um nichts und wenig Lärm um viel gemacht. Mit der gleichen Unentschlossenheit, mit der Österreich im Traumreich zwischen Arkadien und Kakanien laviert, schwankt es auch auf anderen Ebenen zwischen Minderwertigkeitskomplex und Überwertigkeitsneurose. Hier mag etwa das geläufige Mißverständnis der „großen Rolle für den kleinen Staat" zitiert werden, die das Land im österreichischen Denken zum Mittelpunkt und Mittler der Welt empor steigen ließ, weil sich auf seinem neutralen Boden Repräsentanten der Großmächte die Hände reichen. Für gelegentlich nützliche, möglichst diskrete Dienstleistungen vergibt das globale Staatentheater keine Hauptrollen, nicht an die Schweiz, nicht an Norwegen und auch nicht an Österreich.

Die österreichische Geschichtsschreibung ist voll von Kuriositäten, die sowohl den Hang zum Widersprüchlichen als auch die nachgesagte Wirklichkeitsfremdheit zu illustrieren vermögen. Selbst in der jüngeren Vergangenheit erreichen derartige Anekdoten zuweilen noch „kakanische" Ausmaße. Erinnert sei etwa an das negative Ergebnis der Volksabstimmung über die Inbetriebnahme des fertiggebauten Atomkraftwerkes Zwentendorf am 5. November 1978. 50,5% stimmten mit Nein, die Wahlbeteiligung betrug 64% – weniger eine Entscheidung gegen die friedliche Nutzung der Kernkraft, als vielmehr ein knapper Mehrheitsentscheid gegen Dr. Bruno Kreisky, der seinen Verbleib als Regierungschef vom positiven Ausgang dieser Abstimmung abhängig gemacht hatte. Er hat es dann allerdings bei der Androhung seines Rücktritts belassen. Zur Verdeutlichung sei die Haltung des damaligen Pareiobmannes der ÖVP Dr. Josef Taus erwähnt, der im Rahmen einer Wahlstrategiesitzung wörtlich gemeint hat: „Wenn mir das zusätzliche Stimmen bringt, bin ich entgegen meiner ökonomischen Überzeugung, daß die Kernenergie richtig ist, dafür, daß wir gegen die Kernenergie abstimmen." Das damalige Votum als Entscheidung für den Ausstieg aus der Kernenergie zu deuten, ist reine Legendenbildung. Das Ergebnis dieser Politik war ein mit der Investitionssumme von 20 Milliarden Schilling (1,46 Milliarden Euro) fertiggestelltes Kraftwerksmodell im Maßstab 1:1. Der behauptete Ausstieg aus der Kernenergie verhinderte in weiterer Folge jedoch nicht, einen Teil des heimischen Stromverbrauches aus importiertem Atomstrom abzudecken oder gar – unter dem Titel der Privatisierung – vorwiegend aus Wasserkraft gespeiste Energieversorgungsunternehmen an ausländische, atomstromproduzierende Staatsbetriebe zu verkaufen.

Ein anderes Kraftwerk dagegen, das aus der erneuerbaren Energie Wasserkraft gespeist werden sollte, wurde nach der Formierung einer überaus heterogenen Protestbewegung, aus der unter anderem die Grüne Partei Österreichs empor wuchs, nie gebaut: Das Donaukraftwerk Hainburg wurde von Demonstranten verhindert, indem sie die Stopfenreuther Au besetzt hielten. Nun, da kein Wasserkraftwerk den natürlichen Fluß des Donaustromes in diesem Abschnitt behindert und das Absenken des Flußbettes umweltbeschützt fortschreitet, liegt die heldenhaft verteidigte Aulandschaft weitgehend trocken.

Die Handhabung von Protestlawinen und Volksbegehren in Österreich hat übrigens grundsätzlich viel widersprüchlich Absurdes, hat viel „Kakanisches" an sich, denn beginnend mit dem Wiener Sternwartepark in den 70er Jahren wurden oft genug Entscheidungen populistisch zu einem Zeitpunkt in Frage gestellt, an dem es – wenig sachdienlich – lediglich politisches Köpferollen bewirkte. Im genannten Fall war das Ergebnis der Rücktritt Felix Slaviks, eines verdienstvollen

Bürgermeisters von Wien, und die ratlose Hinterlassenschaft eines Baugrund-Gartens, und auch die geplante Trasse der Grazer Stadtumfahrung mündete nach Begehren des Volkes in die Verhinderung der Trassenführung und den Sturz des damaligen Bürgermeisters Scherbaum.

Die Selbstbezogenheit des Kleinstaates verführt dazu, Kleinigkeiten zu großen Dramen zu stilisieren, während große Zusammenhänge mit blinder Gleichgültigkeit bagatellisiert werden. Der österreichische Weinskandal 1985 war, zumal er ja im Gegensatz zu anderen Ländern keinerlei Menschenleben forderte, international weniger imageschädigend, als man hierorts prophezeit hatte. Sein nachhaltiges Ergebnis ist gar ein positives, ein äußerst qualitätvoller österreichischer Wein nämlich. Die Skandalisierung des Wiener Allgemeinen Krankenhauses (AKH) während seiner Errichtung ließ vergessen, daß Österreich mit dieser Einrichtung heute über eines der modernsten Krankenhäuser der Welt verfügt, und das Skandaltheater lenkte den Blick geschickt auf die Vorderbühne, während hinter den Kulissen manche Vertreter der Justiz politische Karrieren starteten. Angesichts manch anderer Austroskandale muß man sich allerdings fragen, ob die krankhafte österreichische Selbstüberschätzung nicht manches Mal sogar ansteckend wird. Die legendäre Waldheim-Affaire setzte einen im zweiten Wahlgang 1986 gewählten, ehemaligen UNO-Generalsekretär als Bundespräsidenten an die Spitze des Kleinstaates, der in dieser Funktion seine hervorragenden internationalen Kontakte nicht ausspielen konnte, weil Details seiner Vergangenheit ihn im Amt des österreichischen Bundespräsidenten unmöglich machen sollten, die auf dem globalen Level der UNO während zwei Amtsperioden keinerlei Anstoß erregten. Andere Beispiele der österreichisch-kakanischen Realsatire zu entdecken, werden die nachfolgenden Seiten noch Gelegenheiten bieten.

In solcherart skizzierten Kulissen wären nun die Österreicher selbst ein realitätsfremdes „Volk von Tänzern und Geigern" (Anton Wildgans), ein Land von Skilehrern und Oberkellnern (Paul Flora), von Lipizzanern und Philharmonikern – Charakterisierungen, die eine Reduktion auf eine Fremdenverkehrs-Mentalität des Anbiederns begünstigen. Doch deren Klischees von kitschiger Heimatfilmromantik und schuhplattelnden Alpenjodlern sind mittlerweile ebenso veraltet wie die Strukturen mancher österreichischer Tourismusbetriebe. Für die Definitionsversuche eines österreichischen Wesens sind sie zumindest kaum mehr heranzuziehen. Denn die Realität, so behaupten und hoffen wir, sieht anders aus.

An den Kristallisationspunkten der Geschichte haben sich Bilder und Zeichen herausgebildet, die im kollektiven Gedächtnis einer Nation der österreichischen Identität ihre Ankerplätze bieten. Diese Symbole sind etwa Repräsentanten ganzer Epochen, die Venus von Willendorf für eine sonst unbegreifliche Frühzeit, das Bild der „Vier im Jeep" für eine gar nicht so unproblematische Besatzungszeit, die der Erfolgsstory der Zweiten Republik voranging; es sind manchmal auch Klänge, wie die unvergeßliche Melodie von Anton Karas, die den „Dritten Mann" durch ein zerbombtes Nachkriegswien begleiteten, das sind die niemals verhallenden Worte „Österreich ist frei!", das ist der Donauwalzer in einer weltweiten Übertragung des Neujahrskonzertes des Wiener Philharmoniker – im übrigen eines der besten Orchester der Welt – aus dem Musikvereinssal oder es ist das österreichweit vom Rundfunk ausgestrahlte Läuten der „Pummerin", der berühmten Glocke des Wiener Stephansdomes.

Wie sehr dieses Bauwerk selbst Nationaldenkmal ist, mag auch die Wiederaufbauphase nach den Bombenschäden des Zweiten Weltkriegs illustrieren. Jedes Bundesland hatte sich mit einem besonderen Bauteil an der Wiederherstellung des schwer angeschlagenen „Steffl" beteiligt: Das Burgenland mit der Kommunionbank, Kärnten mit dem Kronleuchter, Niederösterreich mit dem Steinboden, Oberösterreich steuerte den Neuguß der großen „Pummerin" bei, Salzburg den Tabernakel, die Steiermark das Tor, Tirol zahlreiche Fenster,

Vorarlberg die Bänke und Wien schließlich das rekonstruierte Dach.

Die Symbolkraft manch anderer Dinge macht man sich in ihrer täglichen Selbstverständlichkeit kaum bewußt. Das österreichische Salz reicht in die kulturellen Tiefen der Zeit weit zurück, seine Geschichte ist heute doppelt so alt wie jene des Vatikan, und als Rom noch nicht erbaut war, wurde in Hallstatt bereits das kostbare Mineral gewonnen. Auch daß dieses älteste Salzbergwerk der Welt über knapp vier Jahrtausende hinweg noch heute in Betrieb steht, ist ein Splitter österreichischen Stolzes.

All diese Farben, auch gebrochen im Prisma von Film- und Werbeidustrie, und all die glanzvollen Erscheinungen von Österreichbildern in Vergangenheit und Gegenwart ergänzen sich erst in ihrem Reichtum zu einer charakteristischen Physiognomie Österreichs. Nicht der treffendste Aphorismus, nicht das gelungenste Kunstwerk und nicht einmal die ausführlichste wissenschaftlich-akribische Darstellung könnte ihrer Komplexität gerecht werden. Denn letztlich kommt es auf die feinen Nuancen musikalischer Stimmung an, die in einem Tausende Jahre tiefen Resonanzkasten schwingen, wußte Heimito von Doderer das Diffuse der österreichischen Charakteristik in seiner Athener Rede „Von der Wiederkehr Österreichs" zu benennen. Anschaulicher noch zeichnete er das Bild des österreichischen Bodens im persönlichen Gespräch mit dem Autor als das eines lebendig dampfenden, unendlich vielschichtigen kulturellen Humus.

Dem in die Vergangenheit Blickenden gerinnt zuweilen auch die Gegenwart zu einem Flickenteppich der Renaissancen. Er wittert im politisch-administrativen Mehltau, der sich heute über das Land breitet, die Anklänge an den absolutistischen Beamtenstaat; ihm kommt die fortdauernde Liberalitäts- und Wirtschaftsfeindlichkeit merkwürdig metternichisch bekannt vor, und er registriert mit dem Schrecken des Déjà-vu, daß der Zeitgeist die Dynamik von Aufbau und Aufbruch längst verloren hat und einer Statik sich annähert, an der bereits die Monarchie zugrunde gegangen ist. Blättert man in der Chronik noch weiter zurück, wird man auch der Lehre nicht entgehen, daß mit dem Trotz einer Wagenburgpolitik gegen die Geographie nichts auszurichten ist, und Österreich eben doch mitten in Europa liegt, auch wenn es auf dem Wege technologischen Fortschritts liegen zu bleiben droht.

Im Dunkel derartiger Perspektiven bieten sich die Grundaxiome österreichischen Selbstverständnisses geradezu rettend an: Arkadien, das Reich der Künstler, und Kakanien, das erstarrte Land ironischer Selbstbespiegelung. Die Symbole österreichischer Identität regieren glücklicherweise auch jenseits dieses Zweigestirnes. Sie finden sich in den bei Gedenk- und Denkanlässen erinnerten Szenen der Geschichte, in den Denkmälern der Identifikation, sie liegen in Ernest Renans Antwort auf die Frage, was ist eine Nation?: „Der gemeinsame Besitz eines reichen Vermächtnisses an Erinnerungen". Nach Max Weber machen „gemeinsames politisches Schicksal, gemeinsame Kämpfe auf Leben und Tod, eine Gruppe von Menschen zur Nation". Entscheidend ist die bewußte Anteilnahme am politischen Schicksal des eigenen Staates, was im Sinne Helmut Qualtingers auch heißen kann: „Nationalbewußtsein hat man, wenn man sich für seine Nation schämt."

Bereits Heimito von Doderer war sich der Fragilität dieses österreichischen Selbstbewußtseins zwischen Arkadien und Kakanien wohl bewußt, als er formulierte: „Diese Nationalität ist wirklich die von allen am wenigsten materielle. Sie ist ein Zustand, ein goldner Schnitt nur zwischen Distanzen und Kräften, aus dem man fallen kann, wenn man eine rohe und ungeschickte Bewegung macht."

Von den Grenzen zum Ganzen

Österreich ist ein vielfältiges Land – in vielerlei Hinsicht. Der Reichtum seiner Diversität zeigt sich in der breit gefächerten geographischen Ausdehnung des Landes, wird jedoch vor allem in der Tiefe seiner Geschichte deutlich. Der abwechslungsreichen Landschaft im kleinen Raum korrespondiert eine historische Vielfalt der Kulturen, der Völker, Sprachen und Religionen. Ihre tektonischen Überlagerungen, ihre Vermittlung und Vermischung, ihre Schnittstellen und überlagernden Kraftfelder bilden einen tiefen, fruchtbaren Humus, in dem die österreichische Identität tiefe Wurzeln geschlagen hat. Folgt man ihrem Verlauf, gewinnt man ein Verständnis für dieses Ganze, das aus ihnen erwachsen ist. Das österreichische Wesen, mit all seinen Stärken und Schwächen und in all seinen Unterschiedlichkeiten, besteht nicht zuletzt in dem Talent, Widersprüche zu vereinen, besteht in einem besonderen integrativen Geschick, Vielfalt in der Einheit zu fassen und zu bewahren.

Bereits die geographische Lage Österreichs und seine landschaftlichen Charakteristika wirken identitätsstiftend und schicksalsgestaltend. Eingebettet in die Landmasse der eurasischen Halbinsel lag es mehrfach in seiner Geschichte an der Grenze zweier Welten. Oskar Kokoschka bemerkte: „Die Gefahren Europas sind die Österreichs, die Triumphe ebenso wie die Niederlagen: Kreuzzüge, Renaissance, Türken vor Wien, Bauernkämpfe, Reformation, Revolution, Weltkrieg – sie werden Österreichern persönliches Erlebnis, zu einer Art Familienchronik." Das schrittweise Zusammenwachsen Europas, durch Vertiefung und Erweiterung der Europäischen Union, integriert auch das kleine Binnenland Österreich. Entstanden durch eine Wiedergeburt, die 1945 in den gleichen Grenzen erfolgreicher verlief als jene von 1918, spiegelt das kleine Österreich in mancherlei Aspekten das große Europa wider. Österreich ist wie Europa Idee und Gebilde zugleich, und oft sprengen die geistigen Identifikationsräume die geographischen Grenzen.

Habsburgische Expansionspolitik näherte die Grenzlinien Österreichs den europäischen Dimensionen an, überschritt sie gar zu Zeiten und blieb das Fundament gemeinsamer Geschichte. Ein europäisches Österreich existiert in den Fakten der Historie und in den Bauwerken der Monarchie. Bis in die peripherstens Provinzen der Monarchie wurde der Wiener Ringstraßenstil nachgeahmt, flossen Elemente des sezessionistischen Jugendstils in die Stadtbilder ein und deckte der „kaisergelbe" Verputz die Verwaltungsbauten und Bahnhöfe der Donaumonarchie. Das Wiener Architekturbüro Ferdinand Fellner & Hermann Helmer entwarf Theater- und Musiktheaterbauten ab Stange; so ähneln einander bis heute die Stadttheater von Baden und Czernowitz und Zagreb, die Opern von Graz und Lemberg, von Mährisch-Ostrau und von Rijeka ebenso, wie das Wiener Ronacher, das Deutsche Theater in Prag (heute Smetana-Theater) und das Volkstheater von Budapest auf frappante Weise. Mit Stefan Zweig betrauerte eine ganze Generation den Verlust einer „Welt von Gestern", teilte die „Erinnerungen eines Europäers" an jene Zeit, in der die Eisenbahnlinien der Donaumonarchie ein Europa vernetzten, in dem es keines Reisepasses bedurfte und das wenig später durch nationale Grenzen und ideologische Fronten zerstückelt wurde.

Gemessen an der Grandiosität jenes über Jahrhunderte bestehenden Machtkomplexes im Zentrum Europas nimmt sich der 1918 neugeborene Staat Österreich recht klein aus. Nur so ist es verständlich, daß sich ein zum Kleinstaat geschrumpftes Ostreich seiner bescheidenen Anfänge als „Ostarrichi" besann und im Jahre 1996 den tausendjährigen Namenstag Österreichs mit beträchtlichem Stolz, angebrachten kritischen Reflexionen und ganz ohne patriotische Selbstbeweihräucherung feierte. Schließlich war das Jahr 996 nur ein Namensjubiläum, keineswegs die Geburtsstunde eines Staates. Diese hätte man eher noch 1976, tausend Jahre nach der Belehnung des Babenbergers Luitpold I. mit der Mark im Osten, feiern können, wenn nicht die Analogie eines anderen „1000jährigen Reiches" in düsterer Nähe gehangen wäre. Stattdessen hat man dem erinnerungswürdigen Jahr 996 kurz nach der österreichischen Wiedergeburt 1946, ganz bewußt und geschickt unterschieden vom „tausendjährigen" Hitler-Reich, mit einer 950-Jahr-Feier gedacht.

Dieses heutige Österreich blieb nach 1918 mit 84.000 km^2 Grundfläche als eines der wenigen europäischen Binnenländer zurück. Der Zugang zum Meer, der eine der zentralen Leitlinien der Monarchie gewesen war (Hans Bobek), ging verloren. Europas Konturen dagegen sind eine Landschaft der Halbinseln, Inseln, Buchten und Küsten. An drei Seiten ist Europa von Meeren begrenzt; lediglich im Osten verliert es sich in den Weiten der russischen Steppe. Im Inneren formt ein dichtes Netz von Flüssen und markanten Gebirgszügen den Erdteil. Berge und Flüsse trennen, doch Pässe und Wasserstraßen verbinden und bedeuten seit dem Altertum Durchlässigkeit für Verkehr, Handel und Kommunikation.

Österreich liegt an der zentralen Wasserscheide Europas, seine Flüsse entwässern in die Ostsee, die Nordsee und in das Schwarze Meer. Sein Staatsgebiet spannt sich vom Bodensee im Westen bis zum Neusiedlersee im Osten, dem westlichsten Salzsteppensee des eurasischen Kontinents, von den Karawanken der südlichen Kalkalpen bis zum Karwendelgebirge der nördlichen Kalkalpen, vom oststeirischen Hügelland über den Karpatenrand bis zum Böhmerwald. Innerhalb dieser Grenzen ist das Land reich an Wäldern, die rund 47% seiner Fläche bedecken, und es ist mit seinen Flüssen und Seen reich an Wasser. Neben allen ästhetischen Aspekten spielt Wasser als Lebensquell und überlebensnotwendiges Element nicht allein in der österreichischen Energiewirtschaft eine zukunftsweisende Rolle.

Ein typisches Merkmal trifft auf Mitteleuropa ebenso zu wie auf Österreich. Es ist dies die enge Verbindung verschiedenartigster Landschaften, die überaus spannungsreiche innere Gliederung. Das Kerngebiet Österreichs war bereits kultur- und siedlungsgeschichtlich das Donautal. Und obwohl heute die Fläche Österreichs zu mehr als 60% durch die Alpen eingenommen wird – ein Gebirgsanteil, der sogar jenen der Schweiz übertrifft –, zeichnet es sich durch eine bemerkenswerte landschaftliche Vielfalt aus. Entsprechend vielfältig sind seine Klimazonen und zahlreichen Miniklimata, deren Diversität auf kleinstem Raum einzigartig ist. Sie reichen von alpinen über gemäßigte Klimazonen bis hin zu den östlichen Anteilen kontinentaler Klimaverhältnisse im pannonischen Gebiet, und schließlich spürt man in der Südsteiermark und in Kärnten bereits die Einflüsse des nahen Mittelmeeres.

Die Natur, schreibt Alfred Polgar, hat schöne Kulissen gestellt für die österreichische Szene; Teile der österreichischen Landschaft sind einzigartig in ihrer Mischung von lieblichen und ehrfurchtsgebietenden Ansichten. Das Land enthält so unterschiedliche Gebiete wie die Teile der ungarischen Tiefebene mit reizvollen Steppenseen, hochalpine Regionen ebenso wie bizarre Kalkalpenformationen – etwa das markante Dachsteinmassiv mit dem östlichsten Gletscher der Alpen – oder das sanft hügelige Alpenvorland. In Anbetracht dieser großen Vielfalt kommt es nicht von ungefähr, daß Österreich schon sehr bald zu einem zentralen Erholungsraum Europas wurde. So spielt heute Tourismus für Österreichs Wirtschaft eine überaus wichtige Rolle.

Gerade für ein Fremdenverkehrsland ist eine saubere Umwelt ein wesentlicher Attraktivitätsfaktor. Umweltschutz ist nicht zuletzt aus diesem Grund österreichisches Anliegen und vordringliche Aufgabe geworden. Dabei konnten zum Teil erhebliche Erfolge erzielt werden. Die österreichischen Seen etwa haben wieder Trinkwasserqualität, Schadstoffemissionen werden weiter reduziert, und innerhalb der Industrie und Energiewirtschaft steigt das Engagement für Umweltmanagement, was auf private Haushalte und Individualverkehr nicht im gleichen Maße zutrifft. Es gilt, die Ökonomie zu ökologisieren beziehungsweise die Ökologie zu ökonomisieren. Ökologie ist Langzeitökonomie (Konrad Lorenz).

Durch seine zentrale Lage in der Mitte Europas war und ist Österreich ein Transitland schlechthin. Österreich ist interagierendes Verbindungsland, seit langem zwischen Appeninhalbinsel und dem deutschen Raum, aber auch nach Südosten gegen den Balkan und durch die Osterweiterung der EU zunehmend auch ein Tor zum Osten. Bei all der damit verbundenen Problematik darf Österreich niemals übersehen, daß es auch selbst Transitrouten benötigt, um zu Meerhäfen zu gelangen. Das Transitproblem erfordert im besonderen einen gesamtheitlich europäisch orientierten Blickwinkel und komplexe Lösungsansätze zur Bewältigung der integrationsbedingt steigenden Transportinteraktionen durch intelligentes Mobilitätsmanagement. Im Falle Österreichs findet etwa die Verlagerung des Verkehrs von Straße auf Schiene ebenso wie die sinnvolle Verdichtung des Verkehrsnetzes in Schweizer Errungenschaften ein Vorbild.

Vielfalt in der Einheit hat in Österreich mehrere Dimensionen. Sie erfaßt seine landschaftlichen Gegebenheiten ebenso wie seine historisch-politischen Facetten. In Hinblick auf die oft recht unterschiedlichen Chroniken seiner 9 Bundesländer präsentiert sich das heutige Österreich eher als ein geformtes denn als ein gewachsenes Gebilde; sein nationales Bewußtsein gründet in einer „Patchwork-Identität" (Heiner Keupp). Denkt man etwa an den im Mai 1919 durch eine Volksabstimmung untermauerten Wunsch der Vorarlberger, sich nicht der Republik „Deutschösterreich", sondern der Schweiz anzuschließen, oder die Intention der Tiroler, zur gleichen Zeit eine eigene Republik auszurufen, so haftet dieser oft beschworenen Einheit schon manch Zwanghaftes an. Während die Verselbständigung Tirols schließlich durch den

Widerspruch der Entente-Mächte verhindert wurde, enttäuschte eine Ablehnung der Schweiz die Bestrebungen Vorarlbergs, was dem widerspenstigen Bundesland die ironische Bezeichnung als „Kanton übrig" eintrug. Es waren dies übrigens nicht die ersten separatistischen Ambitionen, die im föderalistisch-demokratisch durchdrungenen Boden Vorarlbergs aufflammten. Bereits um 1400 lehnten sich die durch eine „späte Völkerwanderung" (Manfred Scheuch) ins Land gelangten und durch Siedlungspolitik begünstigten, allemannisch-stämmigen Walser gegen die Adelsherrschaft auf. Ihr Versuch, in eidgenössischer Eintracht eine „zweite Schweiz" zu schaffen, wurde jedoch vom habsburgischen Adel und seinen deutschen Bundesgenossen im Keim erstickt.

Und dennoch blitzen die Grenzen Österreichs in seiner national endenden Geschichte zwischen Konzentration und Zersplitterung zuweilen auf. Im Einflußbereich der Hallstattkultur, in der Gestalt des römischen „Regnum Noricum" etwa, in den Kernlanden der Babenbergischen Mark, im ambitioniert gegen Ostsee und Adria sich ausdehnenden Reich des böhmischen Ottokar II. Přemysl, das die Herzogtümer Kärntens und der Steiermark bereits einschloß, oder unter der einigenden Macht der Habsburger, in Kunstlandschaften und geistigen Phänomenen.

Grenzen sind Teil der Geschichte geworden: Besiedlungsgrenzen sind in tradierten Orts- und Flurnamen nachzuvollziehen, etwa die typischen Endungen der bajuwarischen Kolonisationsgebiete in -ing, -ham, -kam, -stetten, -hofen und -hausen, oder das Vordringen der slawischen Stämme bis zu einer Grenze, die vom Hochpustertal über das Gasteinertal und das Salzkammergut bis zur Traun und zum Haselgraben verlief. In Hinblick auf tradierte Bezeichnungen von Orten, Bergen, Fluren und Flüssen finden sich östlich dieser Trennlinie die Relikte slawischer Landnahme: Graz von gradec / Burg, Feistritz von bistrica / Wildbach, Liesing von lesnica / Waldbach. Zugleich bleibt Österreich bis in die jüngste Vergangenheit Grenzland: strategischer Raum am römischen

Limes, Bollwerk gegen die osmanische Macht, fließende Besiedlungsgrenze zwischen Baiern und Slawen, der „Hofzaun des Hl. Römischen Reiches", der Konferenztisch am Eisenen Vorhang.

Eine politisch faßbare Geschichte der heutigen Bundesländer beginnt mit der Konsolidierung nach bajuwarischer und slawischer Besiedlung, beginnt mit der von einflußmächtigen Klöstern ausgehenden Christianisierung und der Etablierung adeliger Verwaltungsbezirke. Manche dieser früh geknüpften Verbindungen, wie etwa jene des nördlichen oberösterreichischen Raumes zum Kloster Passau, wirken bis heute sowohl als ideelle Orientierung als auch in Form anderer, konkreter Beziehungen nach.

Während im Raum von Niederösterreich in der babenbergischen Mark bereits 976 die Geburt „Ostarrichis" eingeleitet wurde, und Wien sowie Gebiete von Oberösterreich später hinzukamen, entstand südlich im gleichen Jahr das vom bairischen Stammland abgetrennte und zum eigenständigen Reichsherzogtum erhobene Kärnten, das damals freilich neben der Mark Karantanien, der späteren Steiermark, bei weitem größere Gebiete abdeckte als das gleichnamige Bundesland heute. Seit der Mitte des 11. Jahrhunderts regierte in der Karantanischen Mark das Grafengeschlecht der Traungauer, die sich nach ihrer Stammburg die „Grafen von Steyr" nannte. Obwohl die Stadt Steyr heute in Oberösterreich liegt, empfing das seit 1180 selbständige Herzogtum Steiermark doch von ihnen den noch heute gültigen Namen. 1192 fiel es, gemäß der Georgenberger Handfeste aus dem Jahre 1186, nach dem Aussterben der Traungauer an die Babenberger und wurde ihrem erstarkenden Herzogtum Österreich angegliedert.

Mit dem Ende der Babenberger wurden deren Länder in das Großreich Ottokars II. aufgenommen, der ihre bürger- und städtefreundliche Politik fortsetzte und seine Zuneigung zu Wien entdeckte; die zielstrebige Politik des Böhmenkönigs fand in der habsburg-monarchistischen Geschichtsschreibung wenig Anerkennung; die Uraufführung von Grillparzers staatsmythischem Drama „König Ottokars Glück und Ende", welches nicht zuletzt die hohe Volksbeliebtheit des Herrschers anklingen läßt, wurde von der Zensur zwei Jahre lang verhindert. Unter der Regierung Ottokars entstand durch die Abtrennung des bis 1254 zur Steiermark gehörigen Traungaues in einem ersten wichtigen Schritt auch das eigene Land Oberösterreich. Die Grenzziehungen des „Erzherzogtums Österreich ob der Enns" änderten sich noch mehrfach, etwa 1779 unter Maria Theresia durch den Erwerb des Innviertels von Bayern oder 1782 durch die Einverleibung der vormals passauischen Herrschaft Obernberg, bevor 1918 das Bundesland den offiziellen Namen Oberösterreich annahm.

1273 begann mit Rudolf von Habsburg die lang währende Schicksalsgemeinschaft Österreichs mit seinem Herrscherhaus. Als dieses vom Kaiser Ludwig IV. (d. Bayer) 1335 mit Kärnten belehnt wurde, blieb auch das alte Herzogtum Kärnten mit den urösterreichischen Landen verbunden. 1363 konnten die Habsburger mit der übertragenen Grafschaft Tirol ruhmreichen territorialen Zuwachs verzeichnen. Die selbstbewußte Geschichtsschreibung des Landes Tirol legt jedoch Wert darauf, daß die somit erreichte Verbindung mit dem Hause Habsburg vorerst nur eine Personalunion der Regentschaft darstellte, die erst durch die „pragmatische Sanktion" 1713 zu einer politischen Union mit Österreich wurde.

Die Ländereien Vorarlbergs wurden vom 14. bis zum 17. Jahrhundert stückweise zugekauft (1309–1314 Burg Gutenberg, 1363 die Herrschaft Neuburg am Rhein, 1375 die Grafschaft Feldkirch, das Kerngebiet des Landes, 1394 Bludenz und das Montafon, 1397 Jagdberg, 1451 die südl. Hälfte der Grafschaft Bregenz und 1474 Sonnenberg, 1523 die andere Hälfte von Bregenz, 1765 Hohenems-Ebnit, 1804 Blumenegg und St. Gerold sowie 1814 Lustenau). Verwaltungstechnisch waren sie bis ins 20. Jahrhundert mit Tirol verbunden. Erst 1918 wurde Vorarlberg ein eigenes Bundesland.

Eine Sonderstellung beansprucht Salzburg, welches mit einigen Besitzungen in Kärnten durch ein Jahrtausend hindurch bis 1802 ein souveränes geistliches Fürstentum war. Auch wenn die missionarische Tätigkeit des Landespatrons Rupert den Grundstein für die Ernennung zum Bischofssitz 739 und die Blüte der prächtigen Residenzstadt Salzburg legte, war 1228 die Belehnung Erzbischofs Eberhard II. durch Kaiser Friedrich II. mit dem Pinzgau aufgrund der zugestandenen Blutgerichtsbarkeit dennoch der erste Schritt für spätere Landeshoheit. Denn, obwohl die Salzburger Erzbischöfe seit dem 12. Jahrhundert Reichsfürsten waren, galten die von ihnen beherrschten Gebiete bis zur Loslösung 1322 als Teile des Herzogtum Bayerns. Gemeinsam mit den später dem Kirchenbezirk des Erzbistums unterstellten, angrenzenden bayerischen Diözesen Freising (724), Passau (737) und Regensburg (737) bildete Salzburg ein Quadrat der Kirchenmacht im süddeutsch-großösterreichischen Raum, das seinen Einfluß auf die Christianisierung und Etablierung katholischer Organisationsstrukturen in diesem Gebiet gründete. Der geistliche Salzburger Regent war mit einer Reihe von Privilegien ausgestattet, die bis zum Konkordat 1934 etwa im Recht zur Ernennung von „Eigenbischöfen" in Gurk, Seckau und Lavant bestanden; seit 1650 führte er den Ehrentitel „Primas Germaniae", und bis heute trägt der Erzbischof von Salzburg Legatenpurpur und Kardinalshut. Erst nach dem Wiener Kongreß gelangte Salzburg nach bairischen und französischen Intermezzi, die auch Tirol und Vorarlberg erfaßten, endgültig an Österreich.

Das jüngste der österreichischen Bundesländer ist das Burgenland, das selbst diesen Namen erst im Jahre 1919 erhielt. Die Grenzziehung des Friedensvertrages von Saint-Germain mußte nach bewaffneter ungarischer Gegenwehr 1921 und dem Ergebnis einer Volksabstimmung revidiert werden; mit der einstigen Landeshauptstadt Ödenburg fielen weitere 8

Gemeinden an Ungarn, und erst 1925 einigte man sich auf Eisenstadt als Hauptstadt. Schon zuvor wurde das Rumpfösterreich um Südtirol, das Kanaltal und die Südsteiermark amputiert. Um Teile Kärntens mußte gekämpft werden, ein Zustand, der im Kleinen, im Ortstafelstreit nämlich, bis heute fortdauert und manches Verhalten zumindest psychologisch erklärt. In der Vielfalt der Volksgruppen und Sprachen taten die Grenzziehungen des Friedensvertrages von Saint-Germain Klüfte auf. Diese wurden – wie im Falle Südtirols oder Kärntens – über Jahrzehnte zum Zündstoff nationaler und nationalistischer Friktionen, die erst ein zusammenwachsendes Europa wieder zu überwinden vermag.

Historische Eigenart und tradierte Aspekte der Eigenständigkeit erklären die starke heimatliche Bindung heutiger Österreicher an ihr jeweiliges Bundesland. Dennoch stellt sich angesichts der außergewöhnlich hohen Organisationsdichte, die sich auf den Ebenen der Gemeinden, der Bezirke, der Länder, des Bundes und mittlerweile auch der Europäischen Union in etlichen Bereichen deckend überlagert, die Frage, wieviel Verwaltung Österreich braucht und verträgt. Denn beinahe scheint ein Zustand eingetreten zu sein, der sogar Helmut Qualtingers Diktum „Österreich ist ein Labyrinth, in dem sich jeder auskennt," antiquiert erscheinen läßt.

So absurd die Vielgestalt der überlappenden Verwaltungseinheiten sich ausnimmt, so legitim ist die Vielfalt im kulturellen Bereich, wo sie alle Facetten der hohen Kunst, der pfleglichen Bewahrung von Kulturgut bis hin zum privaten Engagement im Kulturschaffen der Regionen auffächert. Österreich hat die Verpflichtung übernommen, sein großes geistiges und kulturelles Erbe zu fördern und zu bewahren und gleichzeitig von dieser gesicherten Basis aus innovativ weiterzuentwickeln. Allein in Wien gibt es drei Opernbühnen, mehr als vierzig Theater, eine Vielzahl von Kleinbühnen und Kabaretts und vier Symphonieorchester. Vor allem während des Sommers erklingen im gesamten Land vielerlei Festspielveranstaltungen. Doch es ist ein nicht unwesentliches

Indiz für den Charakter dieses Landes, daß es über mehr Kunsthochschulen (österrreichweit sechs) und theologische Fakultäten (insgesamt vier) als über Technische Universitäten (inklusive der Montanuniversität Leoben nur drei, deren Gesamtbudget nur einen Bruchteil der Etats von Zürich und Lausanne ausmacht) verfügt.

Die Österreicher finden sich in einer nahezu unheimlichen Vielfalt von regionalen, kulturellen und politischen Organisationen zusammen. Dazu gehören Trachtenvereine, Musikkapellen, Gesangsvereine ebenso wie freiwillige Feuerwehren, Kameradschaftsbünde, Sparvereine und andere mehr. Die rund 2.300 Ortsgemeinden überzieht ein Netz von 104.203 registrierten Vereinen (Kulturstatistik 2000); mehr als 9.000 sind Musik- und Gesangsgruppen. Es gibt über 2.100 Blasmusikkapellen mit knapp 90.000 aktiven MusikernInnen; auf eine Gemeinde entfällt in etwa eine Musikkapelle. 23.347 registrierte Turn- und Sportvereine übertreffen sogar die hohe Anzahl von Sparvereinen (15.955) und Kulturorganisationen (14.525). Wohltätigkeits- und Fürsorgevereine verzeichnen 5.930 Organisationen in Österreich, zu denen etwa Rotes Kreuz (rd. 41.000 Ehrenamtliche), Samariter (3.900 Aktive), Malteser (1.325) und Johanniter (617) sowie lokale Berg- und Wasserrettungen zählen. Die Freiwilligen Feuerwehren sind mit 4.553 Vereinen und einer runden Viertelmillion aktiver Mitglieder in Österreich ausnehmend dicht organisiert. Dies alles wirkt ein dichtes soziales Gewebe, das Stabilität, aber auch eine konservative Grundstimmung trägt. Diese Neigung zu gesellschaftlicher Zugehörigkeit zeigt auch der zwar geringer gewordene, aber noch immer hohe Grad der Mitgliedschaft bei politischen Parteien.

Es sind die kleinen Phänomene, die auch in den großen Zusammenhängen Europas ihren Stellenwert behalten, und es ist die Diversität in der Einheit, die das Verwandtschaftsverhältnis Österreichs mit Europa besiegelt und seine Westorientierung begründet. Den Trend der Globalisierung unterläuft die Entwicklung der Regionalisierung. Das Europa der Zukunft hat sich entschieden, ein Europa der Regionen zu sein, das eine globale Perspektive nicht aus den Augen verlieren sollte. Mit all seinen Ausprägungen hat Europa historisch die ganze Welt durchdrungen und beeinflußt sie noch heute. Das 20. Jahrhundert hat eine europäische Selbstzerstörung gebracht. Heute sucht der Kontinent insgesamt nach eigenen Konturen. Ideelle Selbstfindung und identifikative Wiedergeburt des alten Erdteiles sind gefordert, um im 21. Jahrhundert eine mitgestaltende Rolle in einer multipolaren Welt übernehmen zu können. Österreich liegt mitten darin. Durch ebenso populistische wie erfolglose Aktionen gegen Atomkraftwerke in Nachbarländern wie Krsko, Bohunice, Mohovce oder Temelin, durch seine im Grunde zwar verständliche, in der Form jedoch unerträgliche Einstellung gegenüber den Beneš-Dekreten oder die exzentrische Haltung zum Transitverkehr steht Österreich jedoch gerade heute hart an der Grenze, sich selbst nicht nur zu provinzialisieren, sondern sich gar zu marginalisieren.

In Glanz und Glorie

Das alte Österreich war vor allem ein barockes Land. Davon zeugen die Werke barocker Baukunst, die es hinterließ. Es sind, sieht man von den Schlössern des Hauses Habsburg und des Prinzen Eugen sowie von den Stadtpalais einiger Fürstenhäuser ab, durchwegs Sakralbauten. Ihre Errichtung wurde teils von begüterten geistlichen Orden in Auftrag gegeben, teils von ehrgeizigen Bischöfen der oft bitterarmen Bevölkerung abgepresst. So kommt es, daß nicht nur die vielleicht schönsten Stifte der Welt, wie Melk, Kremsmünster, St. Florian, Admont, Zwettl, Wilhering, Altenberg und Göttweig, die österreichische Landschaft zieren, sondern auch in traditionell notleidenden Gegenden, in Osttirol etwa oder in den Salzburger Alpentälern, Dorfkirchen stehen, deren Bilder, Fresken, Plastiken und Schmiedearbeiten Juwele des Barock sind.

Dieser Gewinn an Schönheit durch Barockseligkeit, von der Österreich noch heute zehrt, bezahlte die Kunst jedoch mit einem Verlust an Fortschritt. Die fast totale Abhängigkeit der bildenden Künstler von den Aufträgen des Klerus erwies sich als Hemmschuh für die Fortentwicklung. Längst war in anderen Ländern die Gesellschaft, das Volk, zum Gegenstand von Malerei und Graphik geworden: In Frankreich bei Jean Antoine Watteau, Francois Boucher und Jean-Baptiste Siméon Chardin, in England bei William Hogarth, Sir Joshua Reynolds und Thomas Gainsborough, in Spanien bei Francisco de Goya. Die österreichischen Maler und Graphiker hingegen verharrten bis gegen Ende des 18. Jahrhunderts größtenteils in der Darstellung religiöser, bestenfalls mythologischer Motive.

Der Sturm, mit dem Kaiser Josef II. der Monarchie die Tore der Zukunft weit öffnen wollte, änderte nicht viel daran. Seine epochalen kulturellen, sozialen und politischen Reformen, die nach seinem Tod zum Teil in kürzester Zeit wieder rückgängig gemacht wurden, ersparten Österreich zwar das Schicksal der Französischen Revolution und ganz Mitteleuropa das Schicksal der russischen Oktoberrevolution, aber sie blieben zunächst nur Saat und trugen erst im Verlauf des nächsten Jahrhunderts Früchte. Reformen wie die Schaffung einer zentralen, auf ein ausgebildetes Berufsbeamtentum gegründeten Verwaltung, die Einführung der allgemeinen Schulpflicht, die Errichtung allgemeiner Krankenhäuser und öffentlicher Fürsorgeeinrichtungen, die Erlassung von Stadtverfassungen, die Aufhebung von Klöstern kontemplativer Kongregationen, die Aufhebung der Zensur, die Öffnung der kaiserlichen Besitzungen, wie etwa von Augarten und Prater, und anderes mehr können wohl in knappen zehn Jahren angeordnet und exekutiert werden, bis sie aber im allgemeinen Bewußtsein gesellschaftsverändernde Denkprozesse bewirken, dauert es Jahrzehnte.

Als Josef II. 1780 den Thron bestieg, mögen die Völker der Monarchie ohne Rücksicht auf ihre Nationalität hoffnungsvoll auf ihn geblickt haben, der Geist der Aufklärung aber wurde nur von einer relativ schmalen Schicht in Wien und einem erlesenen Kreis in Böhmen und Mähren mitgetragen. Bereits in den letzten Regierungsjahren Josefs II. zeichnete sich ab, daß die beharrenden Kräfte, personifiziert vor allem durch die ungarischen Feudalherren, den Magnaten, seiner Idee, Österreich durch Umgestaltung der Gesellschaft zu modernisieren, erbitterten Widerstand leisten würden. Nach seinem Tode ging die kleine Zahl derer, die seine Reformen verstehend unterstützt hatten, angesichts der restaurativen Bestrebungen seiner Nachfolger in die innere Emigration.

Josef II. erlebte ein typisches österreichisches Schicksal. Während Napoleon I. meinte: „L'Autriche est toujours une année, une armée et une idée en arrière" („Österreich ist immer ein Jahr, eine Armee und eine Idee im Rückstand"), war es den hervorragendsten Österreichern nicht selten beschieden, ihrem Land und ihrer Zeit „ein Jahr, eine Armee und eine Idee" voraus zu sein – das heißt, sie wurden nicht oder noch nicht verstanden und scheiterten zu Lebzeiten, um lange nach ihrem Tode erst stolz im Parnass österreichischer Historie ausgestellt zu werden.

Warum es gerade in Österreich so schwer ist, seiner Zeit voraus zu sein, liegt in den vielfältigen Schattierungen der österreichischen Identität begründet. Die Lebensbedingungen, der Charakter und das Wesen eines Landes erwachsen aus prägenden geographischen, historischen, kulturellen, politischen und wirtschaftlichen Bedingungen. So wurzeln die Ursprünge der österreichischen Identität tief in der rund tausendjährigen Geschichte jenes durch Eroberung, Erbteilung, Heirats- und Vertragspolitik zusammengewachsenen Länderkonglomerats, in einem vielfach erst in der Reaktion auf die Bedrohung von außen als Einheit erlebtes Staatsgebiet, dessen Kern die heutige Republik Österreich darstellt. Erst seine Geschichte formt das Spezifische seiner Existenz, macht Österreich zu dem, was es ist. Ohne seine Vergangenheit, ohne die daraus gewonnene tiefe Einsicht in seine Charakterzüge und in die Konfiguration seines Wesens, bliebe die Gegenwart stumm.

Der österreichische Raum lag seit jeher im Schnittpunkt der Kulturen. Hier begegneten und vermischten sich schon in urgeschichtlichen Zeiten östliche, westliche und südliche Kulturen, Räter und Kelten, Noriker und Römer, abendländisches Reich und Byzanz, die Reitervölker der östlichen Steppe und die Barbaren des europäischen Nordens wie Westens, einheimische Beharrung und fremdländische Beweglichkeit.

Die ersten Spuren des Menschen in unserem Gebiet weisen ein Alter von rund 350.000 Jahren auf. Sie stammen aus alpinen Höhlen. Viel jünger und dennoch alt, rund 25.000 Jahre, ist die Venus von Willendorf, das Urbild von Fruchtbarkeit und Weiblichkeit und, ihren kleinen Abmessungen zum Trotz, wohl auch die weltweit bekannteste Plastik Österreichs.

Im 6. Jahrtausend v. Chr. begannen die ersten Rodungen innerhalb der fruchtbaren Lößgebiete. Dieser frühe bäuerliche Kulturkreis breitete sich von Osten aus rasch über ein Gebiet aus, welches von Westungarn bis in das Pariser Becken reichte. Eine der ältesten jungsteinzeitlichen Siedlungen wurde in Brunn am Gebirge südlich von Wien entdeckt. Im 4. Jahrtausend v. Chr. sind in der Badener Kultur die ersten vierrädrigen Wagen, von Rindern gezogene Karren, nachgewiesen, die auf kulturelle Einflüsse aus dem Osten schließen lassen. Im Salzkammergut werden zur gleichen Zeit die ersten Pfahlbauten errichtet; die Haustiere der Mondsee-Kultur weisen nach dem Süden, die Muster der Tongefäße dagegen nach Norden.

Der hochalpine Raum wird vom Menschen erobert, Kupfererz wird abgebaut, Hochweiden werden genutzt. Der Similaun-Mann legt Zeugnis ab für Kontakte, die über Berge hinweg reichten, und bietet Nord- wie Südtirolern über 5000 Jahre hinweg identifikative Anknüpfungspunkte. In den voralpinen Gebieten und den großen Alpentälern wurden Siedlungen auf geschützten Höhen errichtet; im 2. vorchristlichen Jahrtausend, in der Bronzezeit, florierte der alpine Kupferbergbau; aus ostalpinen Lagerstätten stammende Kupfer- und Bronzebarren wurden in weiten Teilen Mitteleuropas entdeckt.

In der älteren Eisenzeit – die Rolle des wirtschaftlichen Motors übernahm inzwischen der alpine Salzbergbau – wurde Hallstatt zum Zentrum einer europäischen Kulturepoche. Reiche Grabfunde mit Artefakten aus Elfenbein und Bernstein belegen die weitreichenden (Handels)kontakte, die zwischen dem 8. und 5. Jahrhundert v. Chr. vom Mittelmeerraum bis zur Ostsee ein Europa vorzeichneten. Glas- und Bronzegefäße stammten aus italischen Werkstätten, spezifische Trachten und Waffen belegen für einzelne Bestattete eine Herkunft aus dem slowenischen sowie karpatenländischen Raum. All diese Menschen und Kulturen trafen in Hallstatt zusammen, so daß man in den prähistorischen Salzherren beinahe schon die ersten Europäer erkennen könnte. Als nach dem dritten vorchristlichen Jahrhundert die Kelten zu den vorherrschenden Kulturträgern wurden, erblühte auf dem Halleiner Dürrnberg ebenfalls aus salzigen Wurzeln ein Machtzentrum. Auch die keltischen Stadtsiedlungen und ein herausragendes Kulturzentrum am Magdalensberg sind dem Bergbau, in diesem Fall der Eisengewinnung, zu danken.

Auf dem Balkan etablierten sich neben Makedoniern und Thrakern auch frühillyrische Stämme, und in den Tälern Kärntens, Tirols und Salzburgs stoßen wir in der jüngeren Eisenzeit auf Spuren der Veneter, Kelten und Räter. Viele Berg- und Flußnamen gehen heute noch auf alteuropäisch-, d. h. illyrisch-keltische Wurzeln zurück. Die Romanisierung der keltisch-norischen Bevölkerung vollzog sich zügig. Schon lange bestanden gute Kontakte zwischen den norischen Königen und Rom. Das norische Eisen „ferrum Noricum", das beste Eisen im gesamten römischen Imperium, war für die Militärmacht Rom von großer Bedeutung, die reichen Goldvorkommen wohl ebenso. Wirtschaftliche Kontakte gewannen politische Dimensionen: Ein norischer König unterstützte im Bürgerkrieg 48 v. Chr. Cäsar mit 300 Reiterkriegern. Die römische Annexion der anderen Herrschaftsgebiete auf österreichischem Boden gestaltete sich blutiger: Raetien mußte durch einen Feldzug erobert werden, Pannonien widersetzte sich in einem drei Jahre währenden Aufstand der Okkupation.

Das 15 v. Chr. unter Augustus annektierte Regnum Noricum wurde besonders von den Händlern Aquileias beliefert. Noricum, das vom Inn bis zum Wiener Wald und südlich bis zu den Karnischen Alpen mit dem Plöckenpaß reichte, schließt in diesen Grenzen eine erste Ahnung von Österreich ein. Als die Römer erkannten, daß sie ihr Imperium nicht bis an die Nord- bzw. Ostsee ausdehnen konnten, machten sie die Donau zum Limes. Entlang der Hauptstraßen, die über die Alpen und entlang der Donau angelegt wurden, entstanden Städte. Carnuntum (Petronell) wurde Provinzhauptstadt, ebenso Virunum (im südlichen Kärnten) und später Ovilava (Wels). Auch Wien gelangte als Vindobona zu beträchtlicher Bedeutung, selbst wenn es nicht, wie eine stolze Geschichtsschreibung hartnäckig behauptete, die Todesstätte des römischen Philosophen-Kaisers Marc Aurel war, sondern dieser bei einem Feldzug in Bononia nahe Sirmium (Sremska Mitrovica, westlich von Belgrad) an den Folgen der Pest erlag; mit der Entstehung eines seiner philosophischen Traktate im Heereslager Vindobona darf sich die Stadt des Geistes jedoch rechtmäßig schmücken.

Die römische Provinzeinteilung spiegelt die drei großen Landschaftszonen Österreichs wider: Noricum verfügte mit seinen reichen Bodenschätzen, der bereits in der Antike hoch geschätzten Pferdezucht und den hervorragenden Handwerkern seit Alters her über starke Kontakte nach Süden sowie nach Norden. Raetien war durch Hochgebirge geprägt, wo Menschen, wie Strabon in seiner Geographie berichtet, Wachs, Honig und Käse exportierten. Der nordwestliche Teil des fruchtbaren Pannonien umfaßt heute das Burgenland und das Wiener Becken. Gemeinsam zeichnen die drei römischen Provinzen ein frühes Bild Österreichs.

Schließlich überschritten in der Völkerwanderungszeit die Stämme aus der „Welt der Barbaren", dem „alter orbis", die Grenzen des Imperium Romanum und errichteten hier eigene Stammesherzogtümer, die trotz wenig dauerhafter, immer wieder von einfallenden, östlichen Reitervölkern überrannten Grenzen zum Ausgangspunkt einer neuen politisch gegliederten Region werden sollten. In diesem Raum entdeckten und entwickelten Romanen, Goten, Bajuwaren, Slawen, Awaren, Magyaren und auch Langobarden, die hier eine Symbiose mit der bodenständigen Bevölkerung eingingen, eine „Verschiedenheit in der Einheit", ein gemeinsames Wir-Gefühl.

Verschiedene christliche Anschauungen (so leugneten

etwa die Arianer die Göttlichkeit Christi) stießen aufeinander, und die Missionierungsbestrebungen irisch-schottischer Bischöfe und Wanderprediger, angelsächsischer und fränkischer Mönche überlagerten sich. Der als Kirchenmann und Diplomat im 5. Jahrhundert im heute niederösterreichischen Raum wirkende Severin gilt als der „Apostel" Noricums; mit der Vertreibung der Romanen aus diesem Gebiet in Richtung Italien erlosch vorübergehend auch das Christentum, um erst im 7. und 8. Jahrhundert nicht aus dem Süden, sondern aus dem Westen wiederzukehren: 696 gründete Rupert, eigentlich Bischof von Worms, in Salzburg mit St. Peter das älteste Kloster auf deutschem Boden. Neben diesem wurden die Klöster von Mondsee, Kremsmünster, Mattsee, Innichen und St. Pölten zu Stützpunkten, von denen aus die Kirche Einzug in die österreichischen Lande hielt. Als der erste Patron österreichischer Lande galt der Hl. Koloman, ein irischer Pilger, der 1012 nahe Stockerau irrtümlich erhängt wurde und dessen Gebeine fortan im Stift Melk verehrt wurden. Erst im 17. Jahrhundert wurde der Koloman-Kult allmählich verdrängt und der Hl. Leopold zum offiziellen Landespatron Niederösterreichs.

Auch die Wurzeln der jüdischen Kultur, die in Österreichs intellektuell wohl glorreichster Epoche, in der „guten, alten Zeit" um 1900, die Elite stellt, war bereits sehr früh anzutreffen. Eines der ältesten wirtschaftshistorischen Dokumente Österreichs, die „Raffelstetter Zollordnung", abgefaßt zwischen 903 und 906, nennt Juden als bedeutsame Faktoren des Fernhandels. Für den Beginn des 13. Jahrhunderts ist in Wien sowohl der Bestand einer Synagoge als auch einer jüdischen Schule belegt; ein Schutzbrief verlieh das Privileg zum Geldverleih, welches nicht zuletzt den Kriegskassen so mancher Herrscher zugute kam. Während noch im Laufe des 13. und 14. Jahrhunderts einzelne Judengemeinden manche Hochblüte erlebten, brachen für sie, im 14. Jahrhundert beginnend, im 15. Jahrhundert gipfelnd, düstere Zeiten mit verheerenden Progromen an. Im Wechsel von diskriminierenden Verordnungen, Verfolgungen, Verboten und halbherzigen Zugeständnissen blieb die Emanzipation bis weit nach dem josephinischen Toleranzpatent ein Torso. Trotz rechtlicher Defizite war nicht erst mit dem beginnenden 19. Jahrhundert der kulturelle Einfluß ein befruchtender.

Der gelegentlich betonte Gegensatz zwischen „West-Österreich" und „Ost-Österreich" hängt zweifellos nicht zuletzt mit der Besiedlungsgeschichte zusammen. Im westlichen Alpenraum hielt die romanisierte Bevölkerung in ihren gebirgigen Siedlungen auch wärend des Völkerwanderungssturmes aus und wurde erst im Laufe von Jahrhunderten in friedlicher Durchdringung germanisiert. Im östlichen Flachland wurden vom heftigen Wechsel durchziehender Volksstämme die romanischen Spuren in überlieferten Ortsnamen gründlicher ausgelöscht. Weiters spielten bei der Kolonisation des östlichen Teils der Ostalpenländer, rund ein halbes Jahrtausend nach der Besiedlung der westlichen Gebiete durch Baiern und Alemannen, die großen Grundherrschaft ausübenden Klöster und Stifte der alten Orden (Benediktiner, Zisterzienser, Prämonstratenser, Augustiner Chorherrn) eine zentrale Rolle. Bis heute überwiegt in diesen Gebieten Österreichs die grundherrschaftlich planmäßig angelegte Dorfsiedlung, während der Einzelhof und das freie Bauerntum nur sehr sporadisch anzutreffen sind. Unterschiede zeigen sich auch in der Architektur der Bauernhäuser selbst. Stark vereinfachend kann man sagen, daß im westlichen Österreich die stärkere Tradition der Selbstverwaltung eines freien, selbstbewußten Bauerntums die geschichtliche Grundlage der modernen Demokratie bildet, während die Entwicklung im östlichen Österreich von Anbeginn im Zeichen der „Herrschaft" stand (Adam Wandruszka).

Seit dem frühen Mittelalter ist dieses Österreich ein Ort, an dem einander Ost und West, Nord und Süd begegnen. Der Aufstieg der Babenberger und damit Österreichs zum Herzogtum vollzieht sich inmitten des Geflechts kaiserlicher und byzantinischer Weltpolitik. Die ottonische Mark

„Ostarrichi" gründete auf einem Herrschaftsgebiet, das nach 955 endgültig den Ungarn abgerungen worden war, wenngleich sich die magyarische Herrschaft im Lande östlich der Enns von knapp einem halben Jahrhundert gegen die vorangegangene, ein Vierteljahrtausend währende Zeit der Awaren als vergleichsweise gering ausnimmt. Um das Kernland „Ostarrichi" wuchs unter den Babenbergern das Herzogtum Österreich. Zum „Erzherzogtum" wurde es erst später, durch eine Dokumentenfälschung Rudolfs IV. zugunsten des Hauses Habsburg. Als Antwort auf die „Goldene Bulle", welche ihnen die Kurfürstenwürde versagte, galt es, diese Auszeichnung durch eine höhere in den Schatten zu stellen. So setzt das von ihm 1359 ausgefertigte „privilegium maius" unter anderem die Rangerhöhung der österreichischen Landesherrn zu Erzherzögen fest. Nachdem es Petrarca als Fälschung anzweifelte und nicht anerkannte, wurde das Dokument erst unter dem Habsburgerkaiser Friedrich III. 1452 als rechtmäßig bestätigt.

Es kann kein Zufall sein, daß Österreich im 20. Jahrhundert zweimal aus seinen Ländern heraus neu erstand. Die heutige Republik umfaßt bei allen Verlusten und territorialen Einbußen, aber erweitert um das ehemalige Fürsterzbistum Salzburg und das westungarische Burgenland, in etwa die spätmittelalterlichen „Patriae Domus Austriae", die Länder des Hauses Österreich. Heiratspolitik, Handel und Wandel, westlicher und östlicher Einfluß lassen schon damals Wien zu einem Zentrum westöstlicher Begegnung werden (Herwig Wolfram). Nicht immer waren diese Begegnungen friedlicher Natur. Doch Kriege können im umfassenden Sinne „Auseinandersetzung" sein, das kämpferische Gegeneinander durch ein zögerlich kulturelles Miteinander unterwandern. Im 16. und 17. Jahrhundert war Österreich, ständig bedroht durch die türkischen Expansionsbestrebungen, das Bollwerk des Abendlandes nach Osten hin. Der wenn auch kriegerische Kontakt mit der hochentwickelten Kultur des Orients hinterließ zweifelsohne in Österreich seine Spuren ebenso wie der Dreißigjährige Krieg und die Auseinandersetzungen mit Frankreich, Italien und Preußen.

Das Weltreich der Habsburger schuf ein Phänomen Europa, das in der jüngeren Geschichte mehrfach eine etwas romantische Renaissance erfuhr. Es reicht über den Raum des heutigen Österreich hinaus, von Mailand bis Czernowitz, von Krakau bis Triest, von Zagreb bis Bregenz, von Regensburg bis Sirmium, es umspannt die ehemals vorderösterreichischen Länder genauso wie Ungarn, die Slowakei, Böhmen, Bayern, Südtirol oder Graubünden. Österreich ruht nicht nur in sich selbst. Über seine aktuellen Staatsgrenzen hinaus existiert die Idee eines größeren Österreich, durch die es eingegliedert wird in die weiteren Lebensbezüge Europas. Geistiges und territoriales Österreich sind somit nicht immer ident (Johann Christoph Allmayer-Beck). Dies manifestiert sich nicht zuletzt in dem oft artikulierten Widerspruch zwischen den beengten Verhältnissen der kleinstaatlichen Realität und dem Anspruch, eine – zumindest kulturelle – Großmacht zu sein. Die große Geschichte in diesem Sinne interpretiert, verführt natürlich in besonderer Weise dazu, wie Karl Kraus sagt, „vertrauensvoll in die Vergangenheit zu blicken", von dieser größeren Vergangenheit nicht mehr loszukommen und sie als „gute alte Zeit" zu idealisieren. Die Universalidee des alten Imperiums wird in ein Traumreich hinüber gerettet, jene weltumspannende Konzeption, die, so will es die Legende, bereits programmatisch im AEIOU („Austria erit in orbe ultima") Kaiser Friedrichs III. angelegt war und im „plus ultra" seines Urenkels Karl V. zu wahrhaft globalen Dimensionen heranwachsen sollte.

Absolutistische Reminiszenzen

Das während des „Absolutismus" zur Ausprägung gelangte Verhältnis von Herrscher und „Landeskindern", das von Karl Postl alias Charles Sealsfield schon in seiner 1828 in London erschienenen Schrift „Austria as it is" angeprangert wurde, wirkte in Österreich noch lange nach. So wurde der Staat häufig als autoritäre Vaterfigur identifiziert, in die man grenzenloses Vertrauen setzte und deren Beistand selbst der liberale Unternehmer nur allzu bereitwillig anrief. Ebenso wurde Spitzenpolitikern gerne die Funktion von „Ersatzmonarchen" zugebilligt. Die stark ausgeprägte Autoritäts- und Obrigkeitsgläubigkeit des Österreichers wurde als gängiges Klischee zu einem beliebten Motiv für Karikaturen und literarischer Häme, die sich in den Werken von Johann Nestroy und Thomas Bernhard ebenso findet wie bei Robert Menasse.

Auch die „Ehe" zwischen Thron und Altar wirkt bis in unsere Tage nach. Über lange Zeit bewirkte eine als Staatskirche eingebundene Ecclesia eine Ideologisierung der staatlichen Macht. Die barocke Pietas Austriaca galt als wesentliche Stütze des Thrones seiner katholischen Majestät. Die Ende des 16. Jahrhunderts einsetzende gewaltsame Rekatholisierung wurde nicht zuletzt dazu benutzt, den aufständischen und überwiegend protestantischen einheimischen Adel durch willfährige Emigranten aus Spanien, Italien, Flandern, Portugal, Irland und anderen Ländern zu ersetzen. Die Wiederherstellung der Glaubenseinheit wurde mit der Vertreibung von mehr als 100.000 Evangelischen erzwungen.

Die Gegenreformation wurde vom Konzil von Trient (1545–1563) beschlossen, nachdem der Protestantismus als neue Bewegung zu einer ernsten Gefahr für den Katholizismus zu werden drohte. Alleine im Erzherzogtum Österreich waren 1562 nur noch ein Achtel der Bevölkerung dem alten Glauben wirklich zugetan, die Mehrheit war bereits evangelisch. Die unter Kaiser Rudolf II. massiv einsetzende und besonders energisch betriebene Rekatholisierung wurde mit aller Härte vorangetrieben, die auch Gegengewalt provozierte. In Ober- und Niederösterreich entlud sich die Forderung der Freiheit des Glaubens, die mit dem Postulat nach sozialer Gerechtigkeit verknüpft wurde, in blutig niedergeschlagenen Bauernaufständen. In Kärnten und in der Steiermark wurde die Gegenreformation sogar mit Hilfe von Söldnertruppen vorangetrieben. Die Redewendung „er wird schon noch katholisch werden" hat sich aus dieser Zeit erhalten. Ungeachtet der strengen Verfolgungen ließ sich der protestantische Glaube in den österreichischen Ländern aber nicht gänzlich ausmerzen. Die Repressalien, die Protestanten zu erdulden hatten, gipfelten bis in das 18. Jahrhundert hinein in Ausweisungen. So verfügte der Salzburger Erzbischof Gandolf Ende des 17. Jahrhunderts die Ausweisung der Protestanten des Defreggentals nach Franken und Schwaben. 1741 wurden vom Erzbischof Firmian mehr als 20.000 Protestanten aus der Salzburger Heimat vertrieben. Von diesem menschlichen Aderlaß profitierte insbesondere Preußen, das dadurch ebenso wie 46 Jahre zuvor bei der Aufnahme der französischen Protestanten, der Hugenotten, viele gewerbefleißige Bürger gewann. In den Bergbaugebieten der Steiermark und von Kärnten waren wenige Jahre zuvor Protestanten, die von ihrem Glauben nicht ablassen wollten, nach Siebenbürgen ausgesiedelt worden. 1598 kam es im Erzbistum Salzburg auch zu einer Judenaustreibung. Erzbischof Leonhard II. verwies sämtliche Juden aus dem Hochstift und schloss damit an eine traurige Tradition an. Die Juden, die im 13. und 14. Jahrhundert über blühende Gemeinden in Österreich verfügten – die Ortsnamen Judenburg, Judendorf, Judenau, Judenmarkt verweisen noch heute auf die Bedeutung der Juden im Fernhandel des Mittelalters – waren in den Pogromen des 14. und 15. Jahrhunderts fast völlig ausgelöscht worden. Erst 1624 wurde auf Anordnung von Kaiser Ferdinand II. in der späteren Leopoldstadt in Wien ein neuerliches Ghetto begründet, das sich zu einem Zentrum jüdischen Lebens im Habsburgerreich entwickelte, ehe Kaiser Leopold I. 1669/70 aus bis heute nicht ganz geklärten Motiven die Vertreibung der etwa 3000 Mitglieder der Wiener Jüdischen Gemeinde und auch der Landjuden im umliegenden Gebiet der habsburgischen Erblande anordnete. Den Juden blieb in Wien die Bildung einer Gemeinde formalrechtlich bis 1852 verboten.

Der Protestantismus nach der Gegenreformation, die Österreich wieder zu einem katholischen Land werden ließ, konnte sich nie wieder zu einer entscheidenden kirchlichen oder politischen Kraft entwickeln. Die letztlich sehr unösterreichische Konfliktlösung im Glaubensstreit von Katholizismus und Protestantismus hat aber, wie Friedrich Heer meinte, nicht wenige Brüche im österreichischen „Menschentum" hinterlassen.

Die gewaltsame Rekatholisierung war auch Ursache dafür, daß in Österreich die Aufklärung nur von einer verschwindenden Minderheit getragen wurde, einer privilegierten Elite, die es sich leisten konnte, verbotene Bücher zu lesen und verbotene Diskussionen zu führen, ohne befürchten zu müssen, Amt und Stellung zu verlieren. Trotz der kurzen Josefinischen Epoche blieben die entscheidenden gesellschaftlichen Gruppierungen nicht nur von der Aufklärung, sondern auch von der zweifachen Revolution – der politischen „französischen" und der industriellen „britischen", der schon 1776 die Unabhängigkeitserklärung der Vereinigten Staaten voraus ging – weitgehend unberührt. Sie hingen noch um 1800 Ideen nach, die um 1700 als modern galten. Das alte Österreich wurde damit zum Rückzugsgebiet universaler und patriarchalischer Lebens- und Herrschaftsformen und damit zur Vormacht des Konservativismus in Europa.

Im Gegensatz dazu war das Heilige Römische Reich dem

Ansturm des revolutionären Frankreich nicht gewachsen. Mit dem 1806 erfolgten Verzicht von Kaiser Franz I. auf die deutsche Kaiserwürde unterlag die universale Reichsidee dem nationalstaatlichen Prinzip. Das Heilige Römische Reich Deutscher Nation war als eine Art erste europäische Staatengemeinschaft von mehr als 300 Territorialstaaten und freien Städten allerdings immer ein Gebilde ohne eigene Staatlichkeit, Organisation und Macht geblieben. Seine Legitimation bezog das Reich aus dem Anspruch der Nachfolge der römisch-universalistischen Tradition der Antike (Imperium Romanum). Die Beifügung „heilig" (sacrum) entstand Mitte des 12. Jahrhunderts aus der Einflußnahme der Könige auf die Ernennung von Bischöfen und Äbten. Die Anfügung „deutscher Nation" wurde seit Karl IV. gebräuchlich, der 1356 mit der nach ihrer goldenen Siegelkapsel benannten Urkunde, der Goldenen Bulle, das Grundgesetz des Heiligen Römischen Reiches regelte und die hervorgehobene Stellung der Kurfürsten sicherte. Das heilige Römische Reich deutscher Nation fand sein Ende, als Franz II. 1806 abdankte und Amt und Würde des Römischen Kaisers für erloschen erklärte. Mit diesem Schritt unterlief er die Bestrebungen von Napoleon, selbst römisch-deutscher Kaiser zu werden und das Reich Karls des Großen durch die Herrschaft über Frankreich, Deutschland und Italien zu erneuern. In Vorbereitung dazu waren bereits 1800 die Reichsinsignien von Nürnberg nach Wien verbracht und 1804 war das erbliche Kaisertum Österreich ausgerufen worden. Mit diesem Schritt sicherte sich der römische Kaiser Franz II. als Kaiser Franz I. von Österreich Ranggleichheit mit dem erblichen Kaisertum von Frankreich. Das neue Kaisertum Österreich umfaßte die alten habsburgischen Erbländer, das Königreich Böhmen und das Königreich Ungarn. Das Wappen des Heiligen Römischen Reiches – der schwarze Doppeladler auf goldenem Grund, einst das Wappentier des Kaisers von Byzanz – wurde zum Wappen Österreichs.

Der Versuch einer Neukonstruktion des Heiligen Römischen Reiches im Rahmen des Deutschen Bundes scheiterte. Österreich gelang es in der Auseinandersetzung mit Preußen nicht, die Vorherrschaft in Deutschland zu erringen, was mit der Niederlage Österreichs in der Schlacht von Königgrätz 1866 besiegelt wurde. Es mag als Ironie der Geschichte gelten, daß zu dieser vernichtenden Niederlage nicht unwesentlich die waffentechnologische Rückständigkeit des österreichischen Heeres beigetragen hat, verfügte doch die preußische Armee über das damals moderne Zündnadelgewehr, dessen Einführung der dem technischen Fortschritt gegenüber äußerst aufgeschlossene Erzherzog Johann 18 Jahre zuvor als technische Neuerung vergeblich beim österreichischen Generalstab durchzusetzen versucht hatte.

Die Niederlage Österreichs kam den Bemühungen von Otto von Bismarck entgegen, die politische Zersplitterung von Deutschland zu überwinden, die 1871 zur Gründung des deutschen Kaiserreiches führte, das auch einen Aufschwung deutschnationalen Denkens in Österreich nach sich zog.

Die europäische Staatenwelt ist in Folge der Ideologie des Nationalstaates schließlich neu aufgemischt worden. Von den heute 44 europäischen Staaten sind sieben im 19. Jahrhundert und 26 erst im 20. Jahrhundert zu souveränen Einheiten geworden. Der als übernationales Staatenwesen konzipierten habsburgischen Monarchie ist es vor allem aufgrund ihrer politischen Unbeweglichkeit, ihrer Unmoderne und ihrer perspektivischen Zukunftsfeindlichkeit nicht gelungen, die nationalistischen Strömungen zu absorbieren und – wie etwa im Zuge des Ausgleichs, der einseitig nur mit Ungarn abgeschlossen wurde – neue Formen des politischen und wirtschaftlichen Interessensausgleichs zu finden. Mit diesem Versäumnis wurde eine der grossen Chancen der Geschichte verwirkt, die in der koexistenziellen Transnationalität der habsburgischen Universalmonarchie begründet lag und die, wie der aus Rustschuk in Bulgarien stammende Elias Canetti, der vor seiner Emigration nach Großbritannien bis 1938 lange Zeit in Wien lebte, in seinem autobiographischen Werk „Die gerettete Zunge" beschrieb, jeden Österreicher in sich mehrere Identitäten vereinigt spüren ließ.

Verdrängter Liberalismus

In wirtschaftlicher Hinsicht war die Monarchie ein industrialisierter Agrarstaat (Stephan Koren). Sie war flächenmäßig der zweitgrößte und einwohnermäßig der drittgrößte Staat Europas. Die Kohle lag in Schlesien, die Industrie in Böhmen, das Fleisch in Kroatien, das Getreide in Ungarn, der Zugang zum Meer in Triest und die Verwaltung im Kernland Österreich – überseeische Kolonien hatte dieses Reich nie. Die Infrastruktur, die industrielle Entwicklung und die außenwirtschaftliche Verflechtung der Monarchie waren im Vergleich zu anderen europäischen Staaten, vor allem gegenüber England, Frankreich und Deutschland, deutlich zurückgeblieben.

Die liberale Reformpolitik Maria Theresias und Josefs II. hatte eine ausgesprochen günstige Ausgangsbasis für eine Industrialisierung der Donaumonarchie geschaffen. Die erste Phase österreichischer Industrialisierung verlief daher durchaus noch erfolgreich. Trotz der Spätfolgen der Gegenreformation in den Erblanden, der Reichspolitik während des Dreißigjährigen Krieges, trotz der Verteidigung der Ostgrenze des Reiches gegen die Türken, der Westgrenze gegen Frankreich sowie des Machtkampfes mit Preußen während des Siebenjährigen Krieges, vor allem aber trotz der zuletzt enorme Ressourcen verschlingenden Napoleonischen Kriege, war Österreich am Anfang des 19. Jahrhunderts in wirtschaftlicher Hinsicht noch nicht entscheidend ins Hintertreffen geraten. Nun jedoch erfolgte die notwendige Anpassung nicht schnell genug, um auch nur einigermaßen wettbewerbsfähig zu bleiben. Im Bereich des Eisenbahnwesens etwa konnte Österreich auf dem Kontinent zeitweise eine führende Stellung einnehmen, um dann jedoch wieder in den Rückstand zu fallen. Zudem wirkte sich das Privilegiensystem nachteilig aus, das für jede größere wirtschaftliche Unternehmung ein zeitraubendes Konzessionsverfahren durch die Wiener Zentralstellen erforderte, was der Verbreiterung der industriellen Basis äußerst hinderlich entgegenstand. Robert Musil schrieb in diesem Zusammenhang: „Österreich ist das Land der privilegierten Unternehmungen gewesen, des mit Zusicherungen und Schutzbriefen arbeitenden Unternehmertums, das dadurch an Tüchtigkeit verlor."

Prohibitiv wirkte aber auch die politische Entwicklung auf wirtschaftliche Entfaltungsmöglichkeiten. Der listenreiche Fürst Metternich, Staatskanzler unter Franz I., wachte über ein Europa, das sich, der napoleonischen Reformen verlustig gegangen, wieder auf Restaurationskurs befand. Den wachsenden nationalistischen Tendenzen versuchte man durch ein System der politischen Starre mit Hilfe einer allgegenwärtigen Geheimpolizei zu begegnen.

Die Industrialisierung wurde durchaus auch bewußt hintangehalten, weil man das revolutionäre Potential eines Industrieproletariats fürchtete. So begünstigte man durch ein zollpolitisches Abschirmungssystem handwerkliche und manufakturelle Betriebsformen. Dies schlug sich auch in der wirtschaftlichen Leistungsstärke nieder. So exportierte die österreichisch-ungarische Monarchie im Jahre 1913 pro Kopf der Bevölkerung nur für knapp 12 US-Dollar Waren, Frankreich hingegen für 34 US-Dollar, Deutschland für 37 US-Dollar und Großbritannien und Irland sogar für 55 US-Dollar. Nur das russische Zarenreich wies mit knapp 6 US-Dollar eine geringere Exportintensität auf.

Beim Einsatz von Dampfmaschinen in der gewerblichen Produktion und der Länge des Schienennetzes fiel die Monarchie gegenüber den anderen aufstrebenden Industrienationen ebenfalls bald deutlich ab. So waren 1841 in Österreich 223 Maschinen mit insgesamt 2.798 PS aufgestellt, während Preußen bereits 1840 über 608 Maschinen mit 11.641 PS verfügte. Die österreichisch-ungarischen Monarchie, deren Fläche insgesamt 626.000 km umfaßte, wies um 1900 ein

Eisenbahnnetz von nur etwa 19.000 km Länge auf. Das Schienennetz von England umfaßte demgegenüber ebenso wie das von Frankreich rund 30.000 km auf jeweils bedeutend kleineren Flächen. Dieses Mißverhältnis ist um so unverständlicher, als um die Mitte dieses Jahrhunderts mit dem Bau der Semmering-Bahn begonnen wurde, die man in der ganzen Welt als ingenieurtechnisches Wunder betrachtete und die erst vor wenigen Jahren als „Weltkulturerbe" quasi unter Denkmalschutz gestellt wurde.

Die industrielle Schwäche der Monarchie wurde auch in der Entwicklung der Industrieproduktion deutlich. Während sich diese zwischen 1800 und 1888 in Deutschland beinahe verzehnfachte, war in Österreich ein nur halb so rascher Anstieg, also auf knapp das Fünffache, zu verzeichnen. Auch im Vergleich zur Versiebenfachung der industriellen Weltproduktion im selben Zeitraum war das Ergebnis der Monarchie unterdurchschnittlich. Aber auch andere Faktoren haben zur „relativen wirtschaftlichen Unterentwicklung der österreichisch-ungarischen Monarchie" (Kurt Rothschild) maßgeblich beigetragen.

Die Monarchie verfügte zwar über Eisen- und Kohlevorkommen, die allerdings geographisch weit auseinander lagen, so daß die Eisenproduktion mit erheblichen Transportkosten verbunden war. Dies schlug auf die Preise durch, die um etwa 50% über jenen Deutschlands lagen. Die österreichische Eisenindustrie war international nicht konkurrenzfähig und konnte nur mit Hilfe von Schutzzöllen überleben. Das hohe Kostenniveau belastete wiederum die eisenverarbeitende Industrie, die auf die teuren inländischen Vorprodukte angewiesen war und in der Folge in wirtschaftliche Schwierigkeiten geriet.

In der Monarchie gab es zudem viel zu wenig privates Kapital, mit dem neue Industrieinvestitionen hätten finanziert werden können. Während zum Beispiel in England im Zuge der intensiven internationalen Handelstätigkeit große Kapitalien aufgehäuft wurden, mit deren Hilfe sich lohnende

Industrieprojekte finanzieren ließen, war in der Monarchie das Kapital überwiegend beim Feudaladel konzentriert, dem es allerdings an industrieller Gesinnung fehlte.

Bereits in der Monarchie mangelte es an kompetenten Unternehmerpersönlichkeiten. Dieses Defizit versuchte man durch den Zuzug von ausländischen Unternehmern, insbesondere Protestanten und Juden, zu verringern. Allerdings hatte die industrielle Tätigkeit im alten Österreich nie ein besonders hohes gesellschaftliches Prestige. Der Historiker Adam Wandruszka erbrachte den Nachweis, daß Persönlichkeiten aus der Industrie in wesentlich geringerem Maße nobilitiert wurden als Angehörige der klassischen Stände, wie Offiziere, Beamte und Grundbesitzer.

Mangelnde unternehmerische Gesinnung, fehlender Liberalismus und die teilweise vorhandene Wirtschaftsfeindlichkeit drückten sich auch in einer Benachteiligung der in Form von Aktiengesellschaften konstituierten Großunternehmen aus, die etwa in steuerlichen Aspekten deutlich wurde. Zudem wurden den Aktiengesellschaften wesentlich härtere Arbeiterschutzbestimmungen auferlegt als der mittelständischen Wirtschaft.

Das Phänomen der strukturellen Rückständigkeit hatte auch eine kulturpolitische, vor allem aber eine bildungspolitische Determinante. Nach den stürmischen Neuerungen unter Josef II. beruhte die gesamte Schulverwaltung bis zur Unterrichtsreform von 1849 auf den um 1780 erarbeiteten Positionen (Herbert Zeman). Lehrbücher wurden nur geringfügig adaptiert. So basierten die meisten Unterrichtswerke während der ersten Hälfte des 19. Jahrhunderts auf Kompendien aus dem 18. Jahrhundert. Das deutsche Lesebuch etwa, das von 1812 bis 1848 benützt wurde, favorisierte nach wie vor Friedrich Gottlieb Klopstock, Gotthold Ephraim Lessing und Christian Fürchtegott Gellert. Von Friedrich von Schiller gab es einige Proben, an Johann Wolfgang von Goethes Dichtungen wagte man sich kaum. Die übrige Lyrik, vom Sturm und Drang bis zur deutschen

Romantik, verschwieg man vollständig. Johann Gottfried von Herders berühmter Appell an das „Gefühl der Billigkeit gegenüber anderen Nationen" blieb der studierenden Jugend des damaligen Kaisertums Österreich offiziell unbekannt.

Auf diese Weise versuchte man in einer Epoche, in der der Liberalismus zum allgemeinen Leitgedanken wurde, in der österreichisch-ungarischen Monarchie die Durchdringung der Gesellschaft mit liberalem Gedankengut zu verhindern. Dem liberalen Bildungsideal, das auf Freiheit und Eigenverantwortung setzte, stand mit dem österreichischen Bildungssystem ein weit weniger leistungsfreundliches und auf Ein- und Unterordnung ausgerichtetes Leitbild gegenüber, das gesellschaftliche und weltanschauliche Sicherheit innerhalb der Grenzen der staatlichen und religiösen Gemeinschaft zu vermitteln trachtete. Diese antiliberale Haltung spiegelte sich auch im gesellschaftlichen Leben und wirkt in der fehlenden Tradition liberaler Zeitungen und liberaler Parteien bis heute nach.

In welchem Maße der Liberalismus dem katholischen Lager Österreichs, dem der Großteil des Erwerbsbürgertums entstammte, ein Dorn im Auge war, zeigte sich in der zweiten Hälfte des 19. Jahrhunderts am Beispiel der „Wiener Kirchenzeitung". Diese war 1848 von einem ehemaligen Metternich-Protegé gegründet worden und führte bis zur Jahrhundertwende einen vom Herrscherhaus wohlgelittenen Kampf gegen jegliche individuell-aufgeklärte Lebensgestaltung.

Ganz anders verhielt es sich hingegen in Preußen: Dort setzte bereits am Beginn des 19. Jahrhunderts, nach der Niederlage in den Napoleonischen Kriegen, eine innere Erneuerung ein. Die Ideen der Französischen Revolution und der Aufklärung fanden Eingang in das politische System. Das liberale Gedankengut der Zeit floß in die Steinsche Verordnung von 1807 sowie in die anschließenden Hardenbergschen Reformen ein und bewirkte die Gründung des Deutschen Zollvereins 1834, an dem Österreich nicht beteiligt war. Obwohl nach der endgültigen Niederlage Napoleons 1815 die gesellschaftlichen und politischen Reformen zum Teil zurückgenommen wurden, behielt man wirtschaftspolitisch die liberale Linie bei. Die eingeleitete Reformierung der Landwirtschaft, die Einführung der Gewerbefreiheit sowie die neu geschaffene große Freihandelszone waren wesentliche Voraussetzungen für die rasche Industrialisierung Deutschlands in der zweiten Hälfte des 19. Jahrhunderts. In Preußen blieb zwar ebenso wie in Österreich die vormärzliche Gesellschaftspolitik autoritär, hingegen verlief die Balance zwischen der ökonomischen Bewegungsfreiheit des aufsteigenden Erwerbsbürgertums und den Staatsinteressen in völlig anderen Bahnen (Heinrich Lutz).

Das von Ministerpräsident Felix Fürst zu Schwarzenberg verfolgte Vorhaben, ein einheitliches, 70 Millionen Menschen umfassendes europäisches Wirtschaftsgebiet zu schaffen, in dem Österreich die Führungsrolle zugefallen wäre, blieb in seinen Anfängen stecken. Schwarzenberg stützte sich dabei auf die Ideen des Handels- und Finanzministers Carl Ludwig Freiherr von Bruck, eines bürgerlichen Protestanten aus Preußen, der tragisch enden sollte. Der Sohn eines Buchbinders und Mitbegründer der Triestiner Lloyd, der bedeutendsten Schifffahrtsgesellschaft des Mittelmeeres, war im Kabinett Schwarzenberg zunächst Handelsminister, ehe er mit kaiserlichem Handschreiben 1855 zum Finanzminister berufen wurde. Er gilt als einer der größten Staatsmänner der österreichischen Wirtschaftsgeschichte (Helmut Haschek).

Die von Bruck geplanten umfangreichen wirtschaftlichen Modernisierungsvorhaben waren darauf ausgerichtet, die wirtschaftliche Position Österreichs als notwendiges Fundament für seine politische Machtstellung zu stärken. Bruck setzte zahlreiche wirtschaftliche Initiativen für die Modernisierung der Wirtschaft, für den Ausbau der Verkehrswege und die Forcierung des Außenhandels. Zur Förderung der Industrialisierung gründete Bruck 1855 die k. k. privilegierte österreichische Credit-Anstalt für Handel und Gewerbe mit dem ausdrücklichen Auftrag zur Industriefinanzierung. Dieser Gründungsauftrag war einer der Wurzeln für den während ihres Bestehens umfangreichen industriellen Beteiligungsbesitz der Creditanstalt. Diese Bank sollte 146 Jahre bestehen, ehe das als die monetäre Visitenkarte Österreichs bezeichnete Institut am 12. 8. 2001 durch die Fusion in die Bank Austria in schnöder Kurzsichtigkeit und bei politischem Desinteresse endgültig zum Verschwinden gebracht wurde.

Das ambitionierteste Anliegen von Bruck war aber die Schaffung eines europäischen Wirtschaftsraumes mit dem während des Wiener Kongresses gegründeten und unter dem Vorsitz von Österreich stehenden Deutschen Bund als Zentrum, der auch die von Österreich beherrschten oberitalienischen Gebiete umfassen hätte sollen. Dieses Vorhaben scheiterte am frühen Tod von Fürst Schwarzenberg, der zunehmenden außenpolitischen Isolierung Österreichs, der zunehmenden Konkurrenzsituation Österreichs mit Preußen, aber auch an den kurzsichtigen innerösterreichischen Widerständen protektionistisch gesinnter Kreise und der permanenten Überforderung der wirtschaftlichen Leistungskraft des Landes, die bereits 1811 zum Staatsbankrott geführt hatte. Eine durchgreifende Sanierung der Staatsfinanzen gelang zu keinem Zeitpunkt des 19. Jahrhunderts – so kehrt auch die Geschichte aktuell wieder.

Bruck befand sich nach der bewaffneten Neutralität während der Krimkriege (1853–1856; Florence Nightingale), mit denen die guten Beziehungen mit dem russischen Zarenreich ein Ende fanden, auf dem besten Wege, den Staatshaushalt zu sanieren, obwohl das Jahr 1857 ein weltwirtschaftliches Krisenjahr war. Sein Sanierungswerk, das er über wirtschaftliches Wachstums erreichen wollte, wurde allerdings durch die italienische Krise und die kriegerische Auseinandersetzung mit dem Königreich Piemont-Sardinien auf das höchste gefährdet. Mit den 1859 erlittenen verheerenden Niederlagen in den Schlachten und Magenta (4. Juni) und

Solferino (24. Juni), die den Augenzeugen Henri Dunant zur Gründung des Rotes Kreuzes veranlaßten, setzte der Abstieg der Großmacht Österreich ein. Die Kosten des Krieges brachten Österreich neuerlich an den Rand eines Staatsbankrotts und auf jene abschüssige Bahn, aus der es nicht mehr herausfinden sollte.

Die Verantwortung für die Niederlage von 1859 hatte Franz Joseph sowohl als Außenpolitiker als auch als Feldherr persönlich zu tragen. Um von diesem Umstand abzulenken, wurde ein Karussell von Schuldzuweisungen in Gang gesetzt. Diese Gelegenheit wurde von der hocharistrokratischen, erzkonservativen und föderalistisch gesinnten Militärbürokratie genutzt, um Bruck mit einer Intrige zu Fall zu bringen. Es wurde ihm unterstellt, an einer von Feldmarschall von Eynatten verübten Unterschlagung mitgewirkt und auf diesem Wege die Niederlage in Italien mitverschuldet zu haben.

Das Ende Brucks verlief dramatisch. Am Freitag, den 20. April 1860 fand die Einvernahme Brucks durch den Untersuchungsrichter im Finanzministerium statt. Am nächsten Tag erschien Bruck beim Kaiser in Audienz. Aus den bezeugten Umständen ist anzunehmen, daß der Kaiser, so Bruck überhaupt ein Demissionsansuchen gestellt hat, dieses nicht akzeptiert haben dürfte. Bruck schied in bestem Einvernehmen mit dem Herrscher. Am Sonntag, den 22. April erhielt er ein versiegeltes Schreiben des Kaisers, in dem ihm dieser seine Entlassung aus dem Kabinett mitteilte. Diese Handlung war nicht nur eine Fehlleistung, sondern, in menschlicher Hinsicht, auch Ausdruck gröbsten Undanks. Bruck, der beim Erhalt der Nachricht seiner Entlassung zusammengebrochen war, nahm sich das Leben. Die wenig später erfolgte vollständige Rehabilitierung kam für ihn zu spät. Bezeichnend ist auch die Reaktion des Kaisers nach der vollständigen Rehabilitierung seines mit Abstand fähigsten Wirtschaftsministers. Er ließ der Witwe mitteilen, daß „Seine Majestät sich bewogen gefunden, Eurer Exzellenz eine Pension im Betrage von jährlich 3000 Gulden zu bewilligen". Der sprichwörtliche Dank des Hauses Habsburg bestand ausschließlich darin, etwas zu bewilligen, das der Witwe ohnehin zustand.

Wahrscheinlich war die Tragödie des führenden Finanz- und Wirtschaftspolitikers Bruck ebenso unvermeidbar wie das Scheitern der Monarchie. Als 1862 Preußen und Frankreich ein liberales Meistbegünstigungsabkommen abschlossen, erlitt die Habsburgermonarchie vier Jahre vor ihrer militärisch-politischen Niederlage ihr „wirtschaftliches Königgrätz" (Heinrich Benedikt).

BIEDERMEIERIDYLL CONTRA VORMÄRZ

Die Interessen des Kaisertums in Österreich waren auf Bewahrung, Beharrung und die ängstliche Vermeidung jeglicher Veränderung ausgerichtet. Die von oben angeordnete Reformpolitik Maria Theresias und Josefs II. hatte abrupte Ausbrüche gesellschaftlicher Entwicklungen, wie sie in der Französischen Revolution zum Ausdruck kamen, verhindert. Der gesellschaftliche Veränderungsprozeß ließ sich trotz aller Gängelungsversuche durch die Politik nicht unterbinden, selbst wenn sich die Menschen in die Privatheit und das häusliche Glück flüchteten. Als sich die aufgestauten Kräfte in der Revolution von 1848 entluden, obsiegte noch einmal die absolutistische Ordnung, auch wenn sie längst den Keim des Todes in sich trug.

Neues hatte sich in der Monarchie immer schwerer durchsetzen lassen als in vielen anderen Ländern. Die Monarchie setzte auf bewährte Tradition. Diese bestand aus der perfekten beamteten und militärischen Verwaltung dessen, was war. Die Bürokratie wurde zum hehren Zweck, wenn ihr auch die preußische Akuratesse fremd blieb. Der gelebte Unterschied wurde von Gerhard Bronner auf den Punkt gebracht: „Ein Provisorium ist in Österreich etwas Endgültiges auf Widerruf". Die bürokratische Ausprägung der Monarchie wurde ambivalent bewertet. So meinte Edward Crankshaw, „soviel über österreichische Untüchtigkeit, Faulenzerei und Schlamperei gesagt und geschrieben wurde, … daß es an der Zeit sei, daran zu erinnern, daß die österreichische Bürokratie als solche die tüchtigste, menschlichste und unbestechlichste war, die man sich vorstellen kann. Praktisch waren in ihr die fähigsten Männer des Kaiserreiches beschäftigt, die selbstlos und treu ihren Dienst taten; in der Hauptsache waren es Deutschösterreicher und deutschsprechende Böhmen. Man haßte ihre Tüchtigkeit und Gewissenhaftigkeit, ihre Selbstlosigkeit und Dienstbeflissenheit, ihre Unparteilichkeit und – ihre Fremdheit". Eduard von Bauernfeld hingegen meinte hintergründig: „Zittere, du großes Österreich, vor Deinen kleinen Beamten".

In einem Land, das dem liberalen Fortschrittsglauben abzuschwören versuchte, wurden die zahlreichen verkannten Genies zur Legende. Ein tragisches Erfinderschicksal unter vielen ist das des Südtiroler Tischlers Peter Mitterhofer, dem Kaiser Franz Joseph für 150 Gulden die von ihm erfundene Schreibmaschine abkaufen ließ, um sie seiner Sammlung als Kuriosum einzuverleiben. Chancenlos unter vielen blieben auch der Schneidermeister Josef Madersperger, der die Nähmaschine erfand, Johann Krahvogel, der den ersten Elektromotor konstruierte, oder Otto Nußbaumer, der die Technik für eine drahtlose Musikübertragung entwickelte. Siegfried Markus bekam zwar keine finanzielle Unterstützung für die Konstruktion des ersten Automobils, dafür aber den ehrenvollen Auftrag, in der Hofburg eine Klingelleitung vom Zimmer der Kaiserin Elisabeth in das ihrer Kammerfrau zu legen.

Auch die jüdischen Unternehmer trieben bis etwa 1850 überwiegend traditionelle Geschäfte, die mit Staatsunternehmungen verbunden waren: Handel mit Staatspapieren, Tabakpachtung und Mitwirkung bei der Führung staatsnaher Banken. Der bis in die josefinische Zeit durch „private" Pachtungen sichergestellte Tabakverschleiß wurde seit 1785 in die Hände eines staatlich besoldeten Tabakdirektors gelegt (Israel Hönig von Hönigsberg). Erst seit etwa 1850 trifft man Juden im Getreidehandel, an den Getreidebörsen und den auf diesem Gebiet tätigen Banken (Schwerpunkt in Ungarn) und im enorm aufblühenden Textilwesen, das durch die Exportmärkte auf dem Balkan vor allem nach 1866/67 eine durch die politischen Verhältnisse gesteuerte Leitindustrie darstellte. Immerhin ist zu bemerken, daß die Textilproduktion im modernen Sinne ihre Wurzeln in den Armeelieferungen jüdischer Schneider aus Böhmen hatte und daher auch als durchaus traditioneller Wirtschaftszweig anzusprechen ist.

Im Gegensatz zum vernachlässigten freien Unternehmertum spielte im monarchischen Österreich das „Ärar", wie Staatseigentum tituliert wurde, bzw. der Staat als Unternehmer immer eine besondere Rolle, vor allem im Montanwesen, der Salzgewinnung und Eisenerzeugung, aber auch in der Forstwirtschaft. Unter diesen zählt das Salinenwesen nicht nur zu den weltweit ältesten Industriezweigen generell – mit der Salzmine in Hallstatt betreibt die Saline Austria AG heute das älteste Salzbergwerk der Welt. Wenn man in der arbeitsteiligen Organisation des prähistorischen Salzbergbaues die Frühform industrieller Tätigkeit erkennen will, markiert Salz den frühen, bronzezeitlichen Beginn einer österreichischen Wirtschaftstradition.

An die uralte Verknüpfung österreichischer Identität und Geschichte mit dem Mineral Salz (im keltischen Wortstamm: hal) erinnern nicht zuletzt die wohlbekannten Namen von Orten, Flüssen und Landschaften. Hall in Tirol, ein anderes Hall bei Admont, ein Halltal bei Mariazell, Hallstatt, Hallein, Salzburg, Salzach und Salzkammergut. Sie skizzieren die Landkarte für eine Wirtschaftsgeschichte des Salzes. Während Keltenfürsten und Fürsterzbischöfe die Zeichen ihres Reichtums auf den Fundamenten des Halleiner Salzes errichteten, waren das Salzkammergut und die mittlerweile stillgelegten Minen von Hall in Tirol die Schatzkammer der habsburgischen Machtentfaltung. Vom Hochmittelalter bis zur Mitte des 19. Jahrhunderts war die gesamte Landschaft des Salzkammergutes ein in sich geschlossener, eigengesetzlicher Wirtschaftskörper. Seine Geschichte zeichnet in der landesfürstlichen Regalhoheit sowohl die Vorformen des Staatskapitalismus vor, in der Tradition der europaweit einzigartigen, priveligierten Bürgerstände der Salzfertiger (im „Ischlland") und Hallinger (im Ausseerland) erfaßt sie dagegen auch die Entwicklungsstränge des freien Unternehmertums.

Die Witwe des deutschen Königs Albrecht I. (der Sohn Rudolfs I.), Elisabeth, die bei ihrer Heirat das obere Trauntal (das heutige oberösterreichische Salzkammergut) als Morgengabe erhielt, organisierte die Hallstätter Salzgewinnung nach dem Vorbild ihrer Tiroler Heimat. Im Sinne eines Lehenssystems war der mit 1311 beurkundete Stand der Salzfertiger für Verpackung und Vertrieb des Salzes verantwortlich. Mit geringfügig größerer Freiheit agierten im benachbarten Ausseerland die „Hallinger", in deren Obhut der gesamte Sudbetrieb, durch Pacht über kurze Perioden sogar das gesamte Salzwesen, stand. Auch wenn die ertragreiche Nutzung der Bergbaue somit in privaten Händen lag, blieb das Eigentumsrecht des Landesfürsten stets unangetastet. Die Ablösung sämtlicher Rechte der Hallinger an Hallämtern und Pfannhausstätten durch Friedrich III. im Jahre 1449 markiert auch für den Ausseer Raum endgültig die „Verstaatlichung" des Salinenwesens.

Unter Kaiser Maximilian I., dem „Letzten Ritter", der als Schöpfer des österreichischen Beamtenstaates gilt, waren die Salinen der österreichischen Erblande erstmals unter einer Hand vereinigt. Zur Gewinnoptimierung der Kammersalinen wurden Struktur- und Verwaltungsreformen erarbeitet, die in den Erlaß von insgesamt drei „Reformationslibellen" 1524, 1563 und 1656 mündeten. In diesen gründet wesentlich die Sonderstellung des Ischellandes (seit etwa 1600 als „Kammergut" bezeichnet). Die politisch-wirtschaftliche Konstellation im geschlossenen Herrschaftsgebiet verschrieb sich der „Monokultur" Salz; andere Wirtschaftszweige wie Forstwesen, Schiffbau und Schiffahrt oder Zubringergewerbe, wie etwa Küfer, blieben untergeordnet. Für die Arbeiter des Kammergutes bestand weitgehende Abgabenfreiheit, bis 1800 auch die Befreiung vom Kriegsdienst, und die Glaubensfreiheit wurde den Salzarbeitern in höherem Maße zugestanden als anderswo. Wie in den meisten Bergbaugebieten verbreiteten sich die lutherischen Lehren auch im Inneren Salzkammergut früh und rasch, und die Tradition der Evangelischen blühte selbst zu Zeiten offizieller Verbote halb im Geheimen, halb geduldet. Daran änderten selbst die pompösen Inszenierungen von Seeprozessionen, zu Fronleichnam am Traunsee und Hallstättersee, von Kalvarienbergen und barocken Kirchenausbauten wenig. Der historische Umgang mit Glaubenszugehörigkeit enthüllt exemplarisch einen vielleicht sogar österreichischen Wesenszug, der im Salzkammergut Mentalitätsgeschichte schrieb: Ein ganz besonderes Verhältnis des Untertanen zur Obrigkeit, das zwischen revolutionärem Trotz und lethargischer Unterwürfigkeit unentschlossen und dennoch selbstbewußt sich behauptet.

Bis 1848 war das Salzkammergut ein „Staat im Staate", den man nur mit eigenem Reisepaß betreten oder verlassen durfte und in dem sich die Künstler des Biedermeier für salinistische Errungenschaften der Technik ebenso begeistern konnten wie für die Entdeckung eines gänzlich neuen Landschaftstypus, der die Erhabenheit der Alpen mit der Lieblichkeit der Seeufer verband. Die Stilepoche der „Wiener Biedermeierlandschaft" wurde im Salzkammergut geboren. Doch bereits während Jakob von Alt und Ferdinand Waldmüller ihre Bilder des landschaftlichen Salzidylls malten, begann sich ein Wandel abzuzeichnen. Die Deklaration des Salzfreihandels 1824 sowie die daraufhin erfolgte gesetzliche Verankerung des staatlichen Salzmonopols im Jahre 1835 waren ein Aspekt der heraufdämmernden Veränderungen, der in der deutschen Salzwirtschaft sehr viel früher aufgegriffene Wandel des Salzes von der Speisenwürze zum industriellen Massenprodukt ein anderer.

Zu den technischen Innovationen, die das Salinenwesen unter der Habsburgermonarchie hervorbrachte, gehört neben der frühmittelalterlichen Einführung des „nassen Abbaues" (Salzgewinnung im Laugverfahren) etwa der unter Rudolf II. 1595 begonnene Bau einer Soleleitung von Hallstatt zu den waldreicheren Gebieten um eine neu errichtete Saline in Ebensee. Die rund 40 km lange Rohrleitung darf heute als die älteste Pipeline der Welt gelten. Auch die erste

Eisenbahn Kontinentaleuropas wurde für das Salz gebaut. Zur Salzversorgung der tschechischen Kronländer wurde 1832 die Pferdeeisenbahnlinie Linz – Budweis errichtet und 1835 bis Gmunden verlängert. Bezeichnenderweise wurde das riskante Unternehmen nicht auf Staatskosten gestartet, sondern auf eine „k.k. privilegierte", ansonsten jedoch privatwirtschaftlich-kapitalistische Gesellschaft abgewälzt, die aus Geldmangel die Trasse noch nicht für den bereits sich abzeichnenden Siegeszug der Dampflokomotive einrichten konnte. Vierzig Jahre nach Eröffnung mußte daher die Linie stillgelegt werden.

Der Unernst, mit dem das offizielle Österreich der Monarchie gelegentlich etwa den lebenswichtigen Eisenbahnbau betrieb, hatte ebenso groteske wie tragische Züge. Der technischen Großleistung des Eisenbahnbaus über den Semmering steht in schizophrener Lächerlichkeit die Geschichte von Kaiser Ferdinand I. gegenüber, der die im südlichen Wiener Becken über flaches Land führende Südbahnstrecke nur mit Tunnel zu eröffnen bereit war, den man dann auch in aller Eile durch Heranführen gewaltiger Mengen Erdreichs „bewerkstelligte". Dieses Curiosum Austriacum wurde von Johann Nestroy in seinem Stück „Eisenbahnheiraten" literarisch verewigt.

Was sich bei der Nord-Süd-Querung der Alpen zutrug, ist dagegen weitgehend und nur allzu bereitwillig vergessen: Statt unter dem verkehrsgünstigen Felbertauernpaß hindurch wurde die Eisenbahn durch das Gasteinertal gegen Süden geführt, weil es den deutschnationalen Abgeordneten – auch hier sind aktuelle Bezüge unverkennbar – im Reichstag untragbar schien, daß die erste Ortschaft jenseits der Felbertauern den slawischen Namen Windisch-Matrei tragen sollte. Da gefiel ihnen die Ortsbezeichnung Heiligenblut, das der durchs Gasteinertal Reisende auf der Kärntner Südseite der Alpen vorfindet, wesentlich besser. Als die Matreier ihren Ort in „Matrei in Osttirol" umtauften, war es natürlich längst zu spät.

Neben diesen heute lächerlich erscheinenden Einflüssen nationaler Eitelkeiten auf politische und wirtschaftspolitische Weichenstellungen – dazu zählt auch der Sturz der Regierung Badeni, einer der weitestblickenden des alten Österreich, die wegen des Sprachenerlasses 1897, in dem es vorerst um nichts anderes ging als um die Errichtung eines Technikums in Brünn, bei dem der Unterricht der Hauptfächer „in mährischer Sprache" zugelassen werden sollte, zu Fall gebracht wurde –, neben diesen chauvinistischen Eitelkeiten also gab es auch handfeste Interessenkonflikte und deren fortschrittsfeindliche Lösungsversuche. So etwa den Konflikt zwischen der böhmisch-mährischen Industrie und den ungarischen Magnaten.

Das soziale Gefälle zwischen dem böhmisch-mährischen Raum und den Ländern der ungarischen Krone war enorm. Daher verpflichteten sich die Industriellen Böhmens und Mährens, in Ungarn keine Arbeiter anzuwerben, damit dort die Löhne niedrig gehalten werden konnten, während die Magnaten versprachen, in Ungarn keine Industrien zu errichten, um nicht in Böhmen und Mähren die Preise zu verderben. So war beiden Teilen geholfen – zu Lasten der Industrialisierung und auf Kosten der Landarbeiter.

Umwälzende gesellschaftliche Veränderungen sind, sobald sie sich abzuzeichnen beginnen, immer auch Inhalt der Kunst. Gemälde französischer Realisten, Romane von Charles Dickens und Victor Hugo beschworen bereits vor der Mitte des 19. Jahrhunderts das angebrochene Maschinenzeitalter. Nichts davon schlug sich in Österreich nieder. Der Vormärz mit seinen restaurativen und bevormundenden Bestrebungen bewirkte die Flucht des Bürgers und der Kultur in die Idylle der Privatsphäre – die Kulturepoche des „Biedermeier" entstand. Ferdinand Waldmüller und Friedrich Gauermann, Moritz von Schwind und die beiden Brüder Rudolf und Jakob Alt – ihr Streben ging danach, die vorindustrielle, scheinbar heile Welt abzubilden. Auch Franz Grillparzer und Adalbert Stifter, die beiden Galionsfiguren der österreichischen Literatur des vorvorigen Jahrhunderts, postulierten in ihren Dramen und Romanen die öffentlich-staatspolitische Ordnung als Voraussetzung für irdische Harmonie und Zufriedenheit (Herbert Zeman). Nur zwei zunächst unterschätzte, zu „Volks"-Dichtern abgewertete Genies erfaßten den neuen Zeitgeist: Ferdinand Raimund und Johann Nepomuk Nestroy. Was Raimund in seiner Resignation vor dem Leben nicht ausführen konnte, brachte Nestroy („Die edelste Nation unter allen Nationen is die Resignation") zu Ende: die Darstellung einer Gesellschaft, deren Trachten primär auf das Erheischen noch so kleiner materieller Vorteile ausgerichtet ist. Schlug bei Raimund die Weltskepsis stets in Wehmut um, so wurde bei Nestroy Skepsis zum Skalpell.

Es ist ein Charakteristikum der österreichischen Kunst, daß sie dort am stärksten ist, wo sie ihre Kraft und ihre Inspiration aus dem Volk zieht. Ferdinand Raimund und Johann Nestroy waren – so gesehen – keine Ausnahmen. Sie fanden Nachfolger bis in unsere Zeit, wofür der „Soldat Schwejk" von Jaroslav Hasek und der „Herr Karl" von Helmut Qualtinger als Beispiele stehen. Auch in der Musik wurzelt die geheimnisvolle Anziehungskraft der Kompositionen eines Joseph Haydn, Wolfgang Amadeus Mozart, Ludwig van Beethoven und Franz Schubert, die Unwiderstehlichkeit der Werke der Brüder Johann, Josef und Eduard Strauß und ihres Vaters sowie Josef Lanners tief in der Rhythmik und Melodik österreichischer Volksweisen. Österreichische Volksmusik, das war damals der steirische Ländler genauso wie die polnische Mazurka, ungarische Hirtenmusik und Csardas wie der kroatische Kolo, die böhmische Polka oder die alpenländische Hackbrettmusik. Ein wenig von alledem findet sich in der Wiener Schrammelmusik wieder, deren Unsterblichkeit und Überzeugungskraft ebensosehr in ihrer Multinationalität besteht, wie in der zitierten Skepsis und der Resignation, die nach dem Biedermeier nahezu allen Ständen des Habsburgerreiches eigen war. In jedem Takt, in jeder

Verszeile der Brüder Schrammel kommt jene tieftraurige Fröhlichkeit und gemütliche Bösartigkeit zum Ausdruck, die den Österreichern insgesamt, den Wienern aber im speziellen, nachgesagt wird.

Die Monarchie zerbricht

Ihre wirtschaftliche Rückständigkeit, die wachsenden nationalen Gegensätze und die ungelösten sozialen Probleme sprengten letztlich die Monarchie. Das Gebilde der Donaumonarchie, in dem die Regentschaft der Habsburgdynastie 640 Jahre, länger als das Römische Kaiserreich, Bestand hatte, ging 1918 unter. Das Ergebnis hat Sir Winston Churchill in seinen Memoiren mit den Worten beschrieben: „Es gibt keine Völkerschaft oder Provinz des habsburgischen Reiches, der das Erlangen der Unabhängigkeit nicht die Qualen gebracht hätte, wie sie von den alten Dichtern und Theologen für die Verdammten der Hölle vorgesehen sind." Das entstandene Machtvakuum hat unermessliches Leid über ganz Europa gebracht und große politische Veränderungen zur Folge gehabt. Frantisek Palack hatte bereits 1848 an die Nationalversammlung in Frankfurt die Worte gerichtet: „Denken Sie sich Österreich in eine Menge Republiken und Republikchen aufgelöst – welch willkommener Bauplatz für die russische Universalmonarchie".

Doch seine Befürchtung erfüllte sich nicht, denn die Zeit des Zerfalls erfaßte nicht allein das alte Österreich. Die Weltreiche des 19. Jahrhunderts hatten im 20. Jahrhundert keinen Bestand mehr. Neben der Donaumonarchie gingen auch das Deutsche Kaiserreich, das russische Zarenreich und das Osmanische Reich unter. Die großen Kolonialreiche, das Britische Empire und Frankreich, ereilte dieses Schicksal nach dem Zweiten Weltkrieg. Die damit ausgelösten politischen Kräfteverschiebungen wirken in den Konfliktherden des Nahen Osten, auf dem Balkan oder in Afrika bis heute nach. Statt ihrer entwickelte sich im „amerikanischen Jahrhundert" die USA zur Hypermacht.

Der gelernte Österreicher hat sich mit dem Untergang der

Monarchie im Grunde seines Herzens eigentlich nie ganz abgefunden. Altösterreich wurde zu einem Mythos, in dem neben den spezifischen kulturellen Ausprägungen auch die buntscheckige Vielfalt des Reiches einbezogen wurde, das für Deutsche, Ungarn, Sinti, Roma, Tschechen, Slowaken, Polen, Ruthenen, Kroaten, Slowenen, Serben, Rumänen, Italiener und Juden Heimat war. Literaten wie Thomas Mann empfanden nostalgisch die Faszination und Tragweite, wenn der alte Kaiser das Wort an „Meine Völker" richtete. In dem letztlich vergeblichen Wunsch nach übernationaler Harmonie gründet der idealisierende Entwurf jener Literatur, die nach der monarchischen Apokalypse des Jahres 1918 entstand. Im Rückblick auf eine Welt von Gestern poetisch verwandelt erscheint die Donaumonarchie in den Werken Joseph Roths, Stefan Zweigs, Franz Werfels und Robert Musils als sicher geordnete Märchenwelt (Claudio Magris). Nicht verklärend, sondern kritisch, nicht ohne Ironie, aber auch nicht ohne Wehmut erinnern sie sich an das verlorene Vaterland „Kakanien", eine regungslos gealterte Welt, deren ohnmächtiger Langsamkeit und scheinheiliger Mittelmäßigkeit man sich ebenso bewußt war wie seines vielschichtigen kulturellen Humus. Die literarische Darstellung der österreichisch-ungarischen Welt trug vor allem jedoch die ideelle Ausrichtung auf ein neues Europa in sich, erzählte „das Prinzip, auf welchem Europa beruht – Mannigfaltigkeit, nicht Einheitlichkeit" (Heimito von Doderer).

Bereits in der Monarchie hatten die Habsburger den Schwerpunkt ihres Interesses auf Europa ausgerichtet. Österreich war nie eine Seenation und nie eine Kolonialmacht. Mit Venezien und Triest war zwar der Zugang zum Meer gegeben, doch erschloß sich mit dem Mittelmeer lediglich ein Binnenmeer, das erst mit der Errichtung des Suezkanals die Weltmeere eröffnete. Der Versuch, im spanischen Erbfolgekrieg zu Beginn des 18. Jahrhunderts wieder ein Reich herzustellen „in dem die Sonne nicht unterging", scheiterte. Daraufhin verfolgte das Haus Habsburg das Ziel, Österreich als europäische Großmacht zu festigen. Als Legitimationsgrundlage wurde auf europäische Aufgaben verwiesen. Die österreichische Monarchie präsentierte sich als Garant für den Erhalt der Freiheit Europas nach außen und als Erhalter des machtpolitischen Gleichgewichts nach innen. Dazu kamen kulturelle und zivilisatorische Herausforderungen: Die kulturelle Europäisierung östlicher Teile des Kontinents, aber auch die Verteidigung der europäischen christlichen Zivilisation gegen die Expansionsbestrebungen der Türken. Dieses Bedrohungsbild wurde später auf das revolutionäre Frankreich und im Laufe der Geschichte dann auf das zaristische und später bolschewistische Rußland und während der Zeit des Kalten Krieges auf die Sowjetunion übertragen.

Nach 1848 verstand sich das Habsburgerreich als „Europa im Kleinen" und damit als Gegenmodell zum Nationalstaat. Dieses Selbstverständnis sollte vor dem Hintergrund des Nationalismus des 19. Jahrhunderts zur Ursache des Untergangs werden. Dieses in Jahrhunderten gewachsene Gebilde, dessen Führungsschicht aus vieler Herren Länder kam und wie das Reich selbst eine Schöpfung des Hauses Österreich darstellte, war mit den Kategorien des Nationalismus unvereinbar. Daraus entstand der tragische Konflikt Österreichs mit sich selbst: In einer Welt der Nationalstaaten mußte es einerseits zu einem Fremdkörper werden. Andererseits war es unersetzlich in seiner Mission, Fortschritt und Frieden in einem national so unentwirrbar verflochtenen Raum zu garantieren.

Die zerbröckelnde Habsburgermonarchie wurde auf diese Weise zur „Versuchsstation für den Weltuntergang" (Karl Kraus), zugleich aber auch zur Inkubationsstätte der Moderne. Österreich, für Friedrich Hebbel „eine kleine Welt, in der die große ihre Probe hält", wurde für Robert Musil zum „Weltexperiment", das mit der Klarheit eines Labormodells die substantielle Leere der Wirklichkeit deutlich werden läßt.

In der Welt der verklingenden Monarchie, im Fin de siècle

vor dem Ersten Weltkrieg, war das leichtlebige Wien, dessen gesellschaftliche Dekadenz uns in den Figuren von Arthur Schnitzler, Hugo von Hofmannsthal, Hans Makart und Gustav Klimt entgegentritt, auch Lebensmittelpunkt einer Reihe von Personen, die den Weltenverlauf bestimmen sollten. Dieses Phänomen der „Gleichzeitigkeit des Ungleichzeitigen" läßt daran zweifeln, ob es sich hier um einen bloßen Zufall handeln kann. Sie alle waren in Wien gleichzeitig präsent: der schachspielende Leon Bronstein, alias Trotzkij, im Literatencafé „Central", Jossif Dschugaschwili, alias Stalin, der 1913 in der Wiener Schönbrunner Schloßstraße Nr. 30 wohnte und im Auftrag seines Mentors Lenin eine Studie über die Nationalitätenfrage schrieb, Josef Broz, der später als Tito bekannt werden sollte und damals in Wiener Neustadt als Maschinenschlosser arbeitete, die Reichsratsabgeordneten Alcide De Gasperi und Thomas G. Masaryk.

Der Feuilletonredakteur der „Neuen Freien Presse" Theodor Herzl arbeitete – angeregt durch die Pariser Affäre Dreyfus – an einem Werk über den Judenstaat und wurde damit zum Begründer des politischen Zionismus. Seine Visionen sollten in Erfüllung gehen, seine visionäre Warnung, die er in einem Brief kurz vor seinem allzu frühen Tod niederlegte, sollte jedoch ungehört verklingen: „Macht keine Dummheiten, während ich tot bin." Zur gleichen Zeit logierte der Ansichtskartenmaler Adolf Hitler im Männerheim in der Meldemannstraße in der Brigittenau und spann aus den verqueren Lehren von Schönerer und Vogelsang, die von Bürgermeister Karl Lueger populistisch instrumentalisiert wurden, seine Ideologie von Rassenwahn und Antisemitismus. Nikolai Iwanowitsch Bucharin verfaßte etwa gleichzeitig seine Kritik an den ökonomischen Theorien Eugen von Böhm-Bawerks; er wurde später zu einem Gegenspieler Stalins, was er schließlich 1938 mit dem Tode bezahlen mußte. Auch der Weltfriedenskongress, der allerdings wegen des Ausbruchs des Ersten Weltkriegs nicht mehr abgehalten werden konnte, sollte in Wien stattfinden; mit Organisation und

Vorbereitung waren die beiden Leitfiguren der internationalen pazifistischen Bewegung und einzigen österreichischen Friedensnobelpreisträger, Bertha von Suttner und Alfred Hermann Fried, beschäftigt. Daneben – abseits der Politik, aber auch abseits der offiziellen Wissenschaft – entwickelte Sigmund Freud in seiner Ordination in der Berggasse in Wien die Psychoanalyse, in der er nicht zuletzt die „verschwiegene Dimension" einer Gesellschaft aufdeckte, deren Selbstverständnis brüchig geworden war. Es mag als typisch österreichisches Schicksal gelten, daß die Lehre Freuds nie im eigenen Land, dafür jedoch in den USA höchste Geltung erlangt hat. Welches Land aus dieser Konstellation den größeren Nutzen gezogen hat, mag dahin gestellt bleiben. Dasselbe gilt auch für die Wiener Schule der Nationalökonomie. Zu den prominenten Vertretern dieser ökonomischen Richtung zählen Ludwig von Mises, der 1940 in die USA emigrierte, und sein Starschüler Friedrich August von Hayek, der 1974 den Nobelpreis für Wirtschaftswissenschaften erhielt.

Um die Jahrhundertwende erlebte Österreich und besonders Wien eine kulturelle und geistige Blüte, in der neue Ausgangspunkte geschaffen und neue wissenschaftliche Systeme und Disziplinen geboren wurden. Diese geistigen Innovationen basierten zumeist auf der Zusammenschau der Disziplinen, auf der Vereinigung bisher getrennter Sichtweisen unter neuen Aspekten. Die Kultur wagte den Blick unter die Oberfläche der Dinge, verborgenste psychologische Geheimnisse und Zusammenhänge wurden aufdeckt. Es entstand ein umfangreicher und eindrucksvoller Schaffenskatalog einer geistigen und kulturellen Elite.

Charakteristischerweise stehen diese österreichischen Denker meist offenen Systemansätzen nahe, deren Konzeption sich gegen die bislang behauptete österreichische Feindschaft gegen das rein Abstrakte und gegen das Aufbrechen von Tabus wendet, und stattdessen ein integratives, interdisziplinäres Denken favorisiert. Dieses Denken war für die vom Philosophen Sir Karl Popper entwickelte Konzeption einer offenen Gesellschaft ebenso bedeutsam wie für die vom Biologen Ludwig von Bertalánffy entwickelte Theorie der offenen Systeme, oder für das dichterische Werk von Hermann Broch. Sie alle machten sich auf diese Weise eine spezifisch österreichische Weltsicht zunutze. Der „therapeutische Nihilismus", wie ihn die Wiener Medizinische Schule im 19. Jahrhundert entwickelte, wurde bei Popper zum Modell der wissenschaftlichen Methode schlechthin. Die Skepsis gegenüber den eigenen Behauptungen, das Aufspüren von gegenteiligen Tatsachen, die Lust, die Produkte eigener Erkenntnis wieder in Frage zu stellen, all diese Eigenschaften einer nestroyartigen Selbstkritik als Ausfluß einer spezifisch österreichischen Weltsicht wurden zum bestimmenden Merkmal des neuen wissenschaftlichen Arbeitens (William M. Johnston, Carl Schorske).

Österreich, Wien, das war ein Raum, wo so vieles des 20. Jahrhunderts entstanden ist: in der Philosophie rund um Moritz Schlick, Karl Popper und Ludwig Wittgenstein; in den Wirtschaftstheorien mit Ludwig von Mises, Friedrich von Hayek, Fritz Machlup, Gottfried Haberler, Josef Alois Schumpeter, Oskar Morgenstern, Peter F. Drucker und Carl Menger; in der Mathematik mit Rudolf Carnap, Otto Neurath, Hans Hahn und Abraham Wald; in der Logik mit Kurt Gödel, Herbert Feigl und Friedrich Waismann; in der Soziologie mit Paul Lazarsfeld, Maria Jahoda und Hans Zeisel; in der Physik mit Erwin Schrödinger, Victor Franz Hess, Ernst Mach und Lise Meitner; in der Psychoanalyse mit Sigmund Freud; in der Individualpsychologie mit Alfred Adler; in der Wirtschaftspsychologie mit Ernst Dichter, dem Vater der modernen Werbepsychologie und der Motivforschung; in der Psychiatrie mit Julius Wagner-Jauregg; in der Medizin mit Lorenz Böhler, Karl Landsteiner und Otto Loewi; in den Rechtswissenschaften mit Hans Kelsen; in der Politikwissenschaft mit Erich Voegelin; in der Musik mit Gustav Mahler, Arnold Schönberg, Alban Berg, Anton von Webern, Ernst

Krenek, Franz Lehár, Emmerich Kálmán, Edmund Eysler und Robert Stolz; in der bildenden Kunst mit Gustav Klimt, Egon Schiele, Oskar Kokoschka und Alfred Kubin; in der Literatur mit Stefan Zweig, Joseph Roth, Elias Canetti, Franz Werfel, Max Brod, Robert Musil und Hermann Broch; in der Dramaturgie mit Max Reinhardt und in Architektur und Design mit Otto Wagner, Kolo Moser, Josef Hoffmann, Adolf Loos und Clemens Holzmeister – um nur einige wenige zu nennen.

Sie alle und viele mehr, die schon im alten Österreich gewirkt haben, fanden sich nach 1918 in der Republik Österreich wieder. Denn, wie Heimito von Doderer in seiner Rede „Von der Wiederkehr Österreichs" bemerkte, die Kerbe, die der Einhieb von 1918 hinterließ, „sei sie auch tief, hatte doch nur den Splint durchschlagen, das Kernholz aber nicht erheblich verletzt oder gar durchtrennt". Aber dieses Restösterreich mußte den Großen zu eng werden. Sie fanden zwar noch jenen schöpferischen Humus, nicht mehr jedoch jenen Wirkungskreis und jene wirtschaftlichen und finanziellen Möglichkeiten der Monarchie. Schon in den zwanziger Jahren setzte die erste große Emigrationswelle ein. 1934, nach der Errichtung des austrofaschistischen Ständestaates, verließ die Elite der linken und liberalen Denker das Land. Der Anschluß an Deutschland führte zu einem noch viel schmerzlicheren Aderlaß. Alle jüdischen Mitbürger, aber auch Widerstandskämpfer, die nicht fliehen konnten, erwartete im Nationalsozialismus die physische Vernichtung durch eine industrialisierte Mordmaschinerie, die auch ethnische Minderheiten wie Roma und Sinti oder gesellschaftliche Randgruppen wie Homosexuelle erfaßte. In Wien, das im 18. und 19. Jahrhundert zur Zufluchtsstätte für Juden aus der ganzen Welt geworden war, umfaßte die jüdische Gemeinschaft um 1920 über 200.000 Menschen; das entsprach annähernd 11% der Bevölkerung Wiens. Der menschliche Verlust, aber auch die Einbuße ihrer geistigen und schöpferischen Kapazität, vor allem aber das unfaßbare Leid, das über sie gekommen ist, wird nie bemessen werden können. Für Österreich bedeutete es jedenfalls einen gewaltigen Braindrain.

Die ideellen Grundlagen des größeren Österreich überdauerte die Monarchie wie auch den Ersten Weltkrieg, der nach Franz Kafka „aus einem entsetzlichen Mangel an Phantasie entstanden" ist, und wirkt in Bezügen, die vor allem in der gemeinsamen Geschichte und dem gemeinsamen kulturellen und architektonischen Erbe fortbestehen, bis in das 21. Jahrhundert nach. Das Habsburgerreich, dessen Hymne in so vielen verschiedenen Sprachen gesungen wurde, blieb in seinem innersten Wesen aber von den Siegermächten unverstanden; die Schlagworte vom „Völkerkerker" oder „China Europas" verdeckten die historische Verklammerung mit dem Schicksal Europas. Diese erstaunliche Unkenntnis der komplizierten Verhältnisse in Mitteleuropa förderte ebenso wie die Blindheit für das Machtvakuum, das die Auflösung der Donaumonarchie zur Folge haben mußte, eine Entwicklung, die für viele den „Anschluß" 1938 als unvermeidliche Konsequenz, die man resigniert zur Kenntnis nehmen mußte, erscheinen ließ. Damit verbunden war auch das Versagen der Ersten Republik, eine eigene Identität auf Basis der ideellen Grundlagen der Habsburgermonarchie auszubilden. Anton Wildgans hat in seiner berühmt gewordenen „Rede über Österreich", die am 1. Jänner 1930 über den österreichischen Rundfunk ausgestrahlt wurde, ein flammendes Plädoyer für das neue Österreich gehalten, dessen vorrangige Aufgabe er darin sah, die Erbschaft einer bedeutenden, über den Nationalitäten stehenden Kultur als „Treuhänder der gesamten kultivierten Menschheit" zu verwalten und weiterzugeben. Für diese Aufgabenstellung hielt Wildgans den, wie er sagte, österreichischen Menschen nicht nur aus der Tradition heraus für besonders prädestiniert, sondern vor allem auch aus der Art, wie das klein gewordene Österreich seine ungemein schwierige wirtschaftliche und politische Lage zu meistern versuchte. Der Optimismus, den Wildgans zu vermitteln versuchte, hat sich nicht erfüllt. Die Zukunftsstimmung des Landes verdeutlichte sich vielmehr in den Worten von Hugo von Hofmannsthal, der bereits 1919 mystisch prophezeite: „Auf das, was nun kommen muß, sind wir tiefer vorbereitet als sonst jemand in Europa".

L'autriche c'est ce qui reste

Die am 12. November 1918 proklamierte Republik „Deutsch-Österreich" war ein Versatzstück aus der Konkursmasse des Vielvölkerreiches, eine künstliche Schöpfung der Siegermächt, zur Kleinstaatlichkeit verurteilt. Der neue Staat, von dem der französische Ministerpräsident Georges Clemenceau bei den Friedensverhandlungen von Saint-Germain gesagt haben soll „L'Autriche c'est ce qui reste" („Der Rest ist Österreich") war mit knapp 7 Millionen Einwohnern der verbleibende Rest des einstigen Großreiches von 53 Millionen. Das neue Österreich war ein Staat wider Willen, ein „Staat, den keiner wollte" (Hellmut Andics), dessen wirtschaftliche Lebensfähigkeit allenthalben bezweifelt wurde.

Die österreichische Gesellschaft war gespalten. Die einen trauerten dem vergangenen Reich nach, während andere von einer neuen Gesellschaft träumten. Eine gemeinsame politische Basis fand die neue Republik lediglich in ihrer Ablehnung der Monarchie als Staatsform; Karl Kraus variierte die alte Kaiserhymne in diesem Sinne: „Gott erhalte, Gott beschütze vor dem Kaiser unser Land ... Nimmer sei mit Habsburgs Throne Österreichs Geschick vereint!"

Mit Gründung der Republik wurde eine Abkoppelung von der eigenen vielhundertjährigen Geschichte vollzogen. Der Friedensvertrag von Saint Germain vom 10. September 1919 war noch einschneidender und demütigender als der von Versailles. Die Grundsätze des 14-Punkte-Programmes Thomas Woodrow Wilsons, vor allem die Selbstbestimmung, wurden schändlich mißachtet. Die Arbeiterzeitung vom 4. Juni 1919 prangerte unter dem Titel „Schnöde Erbarmungslosigkeit" diesen Mißstand an. „Ein sicherer, gerechter und dauerhafter Friede soll dem Kriege gegen Österreich folgen! Den neuen Staaten sollen dauerhafte Grundlagen gegeben werden, die der Gerechtigkeit und Billigkeit entsprechen! So heißt es in der Einleitung zu dem Vertragsentwurf, so verkünden es die Herren der Entente. Daß sie an ihren Worten nur nicht ersticken! Denn niemals hat der Inhalt eines Friedensvertrages die Absichten, die bei dessen Gestaltung gewaltet haben sollten, so gröblich verleugnet, wie bei dem Vertrag, den die achtundzwanzig Mächte diesem armen Staat um den Hals werfen, ihn uns, im Bewußtsein der unausweichlichen Wirkungen solcher Bedingungen, auferlegen: daß uns der Lebensatem ausgeht, daß wir nicht leben können, daß wir zugrunde gehen müssen!"

Restösterreich wurde die Verantwortung für die Kriegsschäden des vorangegangenen Gesamtstaates und dementsprechend hohe Reparationsleistungen auferlegt. Der Anschluß an das republikanische, föderative Deutschland, den viele, darunter auch führende Sozialdemokraten wie Karl Renner, Otto Bauer oder Adolf Schärf anstrebten, wurde untersagt. Dies veranlaßte den Staatssekretär für Auswärtige Angelegenheiten, den Sozialdemokraten Dr. Otto Bauer, seine Funktion zurückzulegen. Noch am 2. März 1919 hatte er mit dem deutschen Reichsminister des Auswärtigen, Ulrich Graf von Brockdorff-Rantzau, eine Vereinbarung über den Zusammenschluß des Deutschen Reiches mit Deutsch-Österreich unterzeichnet, in der Berlin und Wien als alternierende Hauptstädte vorgesehen waren. Österreich mußte infolge des Anschlußverbotes seinen Namen von „Deutsch-Österreich" auf „Republik Österreich" umändern.

Die Zerstörung der weitgehend autarken ökonomischen Ganzheit der Monarchie führte zu einem Reduktionsschock (Norbert Leser) und zu Anpassungskrisen. Kaum ein anderer Staat war von den Folgen des Ersten Weltkriegs so betroffen wie Österreich. Zu den Belastungen, denen die österreichisch-ungarische Wirtschaft durch den Ersten Weltkrieg ausgesetzt war und die zu einer immer rascher ansteigenden Inflation geführt haben, kam die Bewältigung der politischen und wirtschaftlichen Desintegration des Donau-Alpen-Karpaten-Raumes. Die Zerschlagung der eng verflochtenen wirtschaftlichen Strukturen der Monarchie erforderte eine weitgehende Umorientierung der Industrie auf andere Rohstoffquellen und Absatzmärkte. Da die agrarischen Überschußgebiete verlorengegangen waren, entstand in der Nahrungsmittelversorgung, aber auch in der Energierversorgung eine Importabhängigkeit vom Ausland, vor allem in Bezug auf Kohle. Die Industrie war für den geschrumpften Binnenmarkt überdimensioniert, der staatliche Verwaltungsapparat aufgebläht, und die Energieversorgung war nicht gesichert, wie die Abholzugen des Wiener Waldes zu Ende des Krieges deutlich werden ließen. Eine drohende Hungerkatastrophe konnte nur durch Lebensmittelhilfen aus der Schweiz und den USA abgewendet werden.

Allerdings wäre der neue Staat bei entschlossener Nutzung der vorhandenen Möglichkeiten durchaus lebensfähig gewesen: denn die Erste Republik war reicher als manch anderes Land und als sie selbst geglaubt hat (Hugo Portisch). Erz, Erdöl und Wasserkraft (wenngleich noch ungenügend genutzt) waren vorhanden, es gab einen beachtlichen Industriekomplex und vor allem ein überaus kreatives Potential an Menschen. Die Wunden des Krieges waren kleiner als nach dem Zweiten Weltkrieg. Die Erste Republik wäre daher – trotz der ungünstigen Ausgangsposition – keineswegs von vornherein zum Scheitern verurteilt gewesen. Nicht der Mangel an Möglichkeiten führte zum Untergang der Ersten Republik, sondern der mangelnde Glaube an die eigene Lebensfähigkeit und die fehlende Entschlossenheit, die vorhandenen Möglichkeiten zu nutzen – wohl auch zunehmend durch mehr als ungünstige äußere Umstände.

Die österreichische Innenpolitik war am Beginn der Ersten Republik durch drei politische Lager geprägt: das christlichsozial-konservative, das sozialdemokratische und das deutschnationale. Diese Gliederung erwies sich trotz aller Umwälzungen über die Zeit als überaus stabil. So ist auch die

Heimwehrbewegung, die im Zeichen der von Ignaz Seipel geschaffenen „antimarxistischen" Einheitsfront entstand und einige Zeit das gesamte nichtsozialistische Lager zusammenfassen wollte, bald wieder in eine „christlichsoziale" und eine „nationale" Heimwehr zerfallen. Weder der austrofaschistische christliche Ständestaat, noch das sieben Jahre dauernde Hitler-Regime konnten daran etwas ändern. Die ersten unter einigermaßen normalen Verhältnissen abgehaltenen Parlamentswahlen im Oktober 1949 ergaben in der prozentualen Stimmenverteilung eine überraschende Ähnlichkeit mit dem bei den letzten demokratischen Wahlen im November 1930 erzielten Ergebnis. Bei dieser Wahl am 9. November 1930, der fünften und letzten Nationalratswahl in der Ersten Republik, entfielen von den abgegebenen Stimmen 41,15% auf die Sozialdemokraten, 36,65% auf die Christlichsozialen, 11,62% auf die Großdeutschen und den Landbund (Schoberblock), und 6,16% auf die Heimwehr. Die NSDAP, die erstmals kandidierte, erreichte mit 111.843 Stimmen kein Mandat, ebensowenig wie die Kommunistische Partei mit 20.930 Stimmen. Bei den Nationalratswahlen am 9. Oktober 1949 erhielt die ÖVP 44,03%, die SPÖ 38,71% und die Wahlpartei der Unabhängigen, die Vorläuferpartei der FPÖ, 11,67% der gültigen Stimmen.

In der ausgehenden Monarchie waren Sozialdemokraten und Christlichsoziale rasch zu Massenparteien geworden. Die bestehende Parteienlandschaft verdrängte die liberalen parteipolitischen Ansätze, so daß nach 1918, bis zum leider nur kurzen Intermezzo des Liberalen Forums zu Ende des Jahrhunderts, keine liberale Partei mehr in Erscheinung trat.

Die junge Republik litt unter der steigenden Inflation und hohen Auslandsschulden. Der amerikanische Dollar, der nach der Währungsparität 4,9535 Kronen entsprechen sollte, notierte im Oktober 1918 mit 11 Kronen; bis zum August 1922 stieg der Kurs auf 83.600 Kronen. Von 1914 bis 1922 wurde die Krone durch die Kriegs- und Nachkriegsinflation auf ein 14.400stel ihres Friedenswertes entwertet.

Ein in Wien residierender Völkerbundkommissar, als Bedingung der Genfer Anleihe, beeinträchtigte die wirtschaftspolitische Souveränität des Landes.

Die Genfer Anleihe des Völkerbundes, die Österreich 1922 gewährt wurde, bewirkte aufgrund der Auflagen zugunsten einer restriktiven Budgetpolitik bereits in den 20er Jahren eine anhaltend hohe Arbeitslosigkeit. Am 1. Januar 1925 wurde die Schillingswährung eingeführt, die sich, als Bedingung für die Genfer Sanierung, an der Goldparität orientieren mußte. Die Weltwirtschaftskrise traf Österreich 1929 mit besonders großer Wucht, hatte doch das Land, gemessen am Bruttosozialprodukt, noch immer nicht das wirtschaftliche Niveau von 1913 erreicht; dieses Niveau sollte erst wieder nach der Mitte des 20. Jahrhunderts erlangt werden. Ein weiter anschwellendes Heer von Arbeitslosen war die Folge. Ihr Höhepunkt wurde im Jahre 1933 erreicht, als bei 1,6 Millionen unselbständig Beschäftigten 557.000 ohne Arbeit waren, von denen rund 40% als sogenannte Ausgesteuerte keine Unterstützung mehr erhielten. Die sich daraus ergebenden schrecklichen wirtschaftlichen, sozialen und psychologischen Konsequenzen und die Hoffnungslosigkeit der Betroffenen haben Paul Lazarsfeld und Maria Jahoda in ihrer berühmt gewordenen Studie „Die Arbeitslosen von Marienthal" eindrucksvoll nachgewiesen. Auch das Finanzsystem des Landes geriet in Turbulenzen. Die Creditanstalt mußte im Mai 1931 vorübergehend ihre Schalter schließen, nachdem sie durch die Übernahme der Bodenkreditanstalt im Jahre 1929 erheblich belastet worden war. Ein gleiches Schicksal ereilte in Deutschland die Darmstädter Nationalbank DANAT. Im März 1936 brach die Versicherungsgesellschaft Phönix zusammen.

Die Wirtschaftspolitik der Nachkriegsperiode war vor allem auf die Bekämpfung der Hyperinflation ausgerichtet. Da die hohen Budgetdefizite als Ursache identifiziert wurden, erachteten alle politischen Parteien ein ausgeglichenes Budget für notwendig. Otto Bauer führte dazu in einem im

Oktober 1931 gehaltenen Vortrag aus: „Wir Sozialdemokraten haben von Anfang an eine ganz bestimmte Stellung eingenommen. Das erste, was wir erklärt haben, war: Wir sind unbedingt der Überzeugung, daß alles, was möglich ist, geschehen muß, um einen Rückfall in die Inflation, in die Geldentwertung zu verhüten … Der zweite Gesichtspunkt, der daraus unmittelbar folgt, ist, daß wir das Prinzip, daß die Staatsfinanzen in Ordnung gebracht werden müssen, und zwar ohne Säumen, ohne weiteres anerkennen müssen. Es gibt keine Verteidigung der Währung, wenn die Staatsfinanzen nicht in Ordnung sind. Kein Mensch kann mehr Geld ausgeben, als er einnimmt, auch der Staat nicht. Wenn er in die Lage kommt, durch längere Zeit mehr Geld auszugeben, als er einnimmt, dann muß er direkt oder indirekt das Geld, das ihm fehlt, drucken lassen. Das haben wir erlebt."

Budgetpolitischer Attentismus, d. h. das untätige Abwarten mit der Zielsetzung eines ausgeglichenen Budgets (Nulldefizit), war damals in allen Ländern verbreitet und ein nicht unwesentlicher Faktor für die Intensität und Dauerhaftigkeit der weltweiten schweren wirtschaftlichen Depression der dreißiger Jahre. Erst Jahre später, nachdem bereits Hjalmar Schacht in Deutschland, im besonderen aber Franklin D. Roosevelt mit dem „New Deal", durch defizitfinanzierte Infrastrukturprogramme spektakuläre Erfolge beim Abbau der Arbeitslosigkeit ohne nennenswerte inflationäre Auswirkungen erzielte, lieferte John M. Keynes in seiner 1936 erschienenen Schrift „Allgemeinen Theorie der Beschäftigung, des Zinses und des Geldes" dafür das wissenschaftliche Fundament. Keynes schrieb dieses Werk unter dem Eindruck des Börsekrachs und der darauf folgenden Weltwirtschaftskrise. Er war ein hellsichtiger Ökonom, der als Berater der englischen Regierung auch von den Folgen der bei den Friedensverhandlungen nach dem Ersten Weltkrieg festgelegten Reparationszahlungen warnte und vehement, aber leider erfolglos, für deren Beseitigung eintrat; auch die tragischen politischen Folgen hatte er bereits vorausgesagt.

Österreichs Bemühungen, das wirtschaftliche Elend zu überwinden, blieben erfolglos. Seitens der Nachfolgestaaten der Monarchie, die sich zur sogenannten „Kleinen Entente" zusammengeschlossen hatten, wurde Österreich keine Unterstützung zuteil. Von der internationalen Gemeinschaft im Stich gelassen, war Österreich zunehmend dem wirtschaftlichen und faschistisch-politischen Einfluß Italiens, vor allem aber Deutschlands preisgegeben. Die im Mai 1933 vom eben installierten NS-Regime gegen Österreich verfügte „Tausend-Mark-Sperre" verschärfte die wirtschaftliche Lage zusätzlich. Diese wurde mit der Ausweisung des deutschen Reichsjustizkommissars Hans Frank begründet, der als nationalsozialistischer Propagandaredner nach Österreich gekommen war. Jeder nach Österreich reisende Deutsche mußte eine Abgabe von 1.000 Reichsmark zahlen. Die Folgen für den österreichischen Fremdenverkehr, bereits damals ein bedeutender Wirtschaftszweig, waren verheerend, kamen doch 40% aller Touristen aus Deutschland. Sie blieben in den folgenden Jahren vollständig aus. In Tirol etwa sank die Zahl der Nächtigungen deutscher Gäste im Zeitraum 1929 bis 1933 auf rund ein Zehntel. Die „Tausend-Mark-Sperre" wurde erst im Juli 1936 als Ergebnis des deutschösterreichischen Abkommens zwischen Hitler und Schuschnigg wieder aufgehoben.

Demgegenüber übte das nationalsozialistische Regime in Deutschland mit den erzielten, allerdings auf Krieg ausgerichteten Erfolgen in der Bekämpfung der Arbeitslosigkeit – das Arbeitslosenheer verringerte sich zwischen 1933 und 1937 von 6 Mio. auf 118.000 Menschen – eine erhebliche Anziehungskraft auf Österreich aus, die auch mit dem Jubel beim Einmarsch von Hitler zum Ausdruck kam. Die tragischen Konsequenzen haben sich freilich recht bald gezeigt.

Die Hoffnungslosigkeit im eigenen Land trug zur Verschärfung der innenpolitischen Verhältnisse bei. Es bildeten sich paramilitärische Wehrverbände. Dem Republikanischen Schutzbund der Sozialdemokraten standen die Heimwehr und Frontkämpferverbände der Christlichsozialen gegenüber. Im Januar 1927 kam es zum berüchtigten Zusammenstoß in Schattendorf, bei dem ein arbeitsloser Kriegsinvalide und ein erst 8jähriger Bub erschossen wurden. Dies wurde selbst in der Zeit gewalttätiger Zusammenstöße zwischen Rechts und Links – wobei die Linke die Mehrzahl der Todesopfer zu beklagen hatte – als empörende Mordtat empfunden. Eine politisch voreingenommene Justiz (die österreichische Justitia sollte auch in der Zweiten Republik nicht immer ihre Augenbinde tragen und ihren Vertretern dann zum Teil auch noch zu Politkarrieren verhelfen) fällte über die drei beschuldigten Frontkämpfer, die nicht wegen eines Tötungsdeliktes, sondern nur wegen öffentlicher Gewalttätigkeiten angeklagt waren, einen Freispruch. Dies führte am 15. Juli 1927 zu Tumulten und dem Brand des Justizpalastes. Der Polizeieinsatz endete mit 89 Toten. Die Fronten zwischen den politischen Lagern verhärteten sich weiter.

Am 15. März 1933 wurde das österreichische Parlament ausgeschaltet und mit dem Umbau der Republik in den austrofaschistischen Ständestaat begonnen. Bereits im Mai kam es zur Gründung der Vaterländischen Front, die alle „regierungstreuen Österreicher" zusammenfassen sollte. In die Vaterländische Front trat die austrofaschistische Heimwehr geschlossen ein. Zum Symbol der Partei wurde das Kruckenkreuz, ein mittelalterliches Kreuzfahrerzeichen. Für Gegner des Regimes wurde bei Wöllersdorf in der Nähe von Wiener Neustadt ein „Anhaltelager" eingerichtet. Als erstes wurden dort die Anhänger der beiden verbotenen Parteien der Kommunisten und der Sozialdemokraten, später auch viele Nationalsozialisten interniert.

Die Gesprächsbereitschaft der Sozialdemokraten für einen gemeinsamen politischen Kampf gegen die Bedrohung der Nationalsozialisten, die das Land mit Sprengstoffanschlägen terrorisierten und mit Nazipropaganda förmlich überschwemmten, wurde von der Regierung Dollfuß abgelehnt, sah er doch in den Sozialdemokraten den eigentlichen politischen Gegner, den er aus dem politischen Leben eliminieren wollte – man fühlt sich heute leider auch daran wieder erinnert. Für die Polarisierung zwischen den Lagern wurde das Rote Wien zum Exempel. Die Verfassung der Republik hatte die Gemeinde Wien von Niederösterreich getrennt und zu einem eigenen Bundesland erhoben. Dies ermöglichte den Sozialdemokraten, die in der Stadt über zwei Drittel der Wählerstimmen verfügten, ein eigenes Steuersystem als Grundlage für die Verwirklichung ihres kommunalen, in weiterer Folge international hoch anerkannten Reformprogramms zu entwickeln. Die Erfolge des Roten Wien heben sich leuchtend von der sonstigen Tristesse Österreichs in dieser Zeit ab. Der soziale Wohnbau, mit bis heute markanten Bauten, wie etwa dem Karl-Marx-Hof, die Volkswohlfahrt, Mütterberatung, umfassende Kinderbetreuung und Reformen im Gesundheits- und Schulwesen durch Julius Tandler und Otto Glöckel, setzten neue, bis heute nachwirkende sozialstaatliche Maßstäbe. Die umfassenden Investitionen hatten auch Auswirkungen auf den Arbeitsmarkt. In Wien war die Zahl der Arbeitslosen lange Zeit geringer als in anderen Bundesländern. Als die Regierung ihre Repressionen gegen die Sozialdemokratie immer weiter verstärkte, kam es 1934 zum Bürgerkrieg. Die Sozialdemokraten unterlagen der staatlichen Gewalt, wozu auch die Führungsschwäche von Otto Bauer beitrug, der durch seine zögerliche Haltung geschlossenes Handeln verhinderte. Die Regierung verbot die Sozialdemokratie und die freien Gewerkschaften und verhängte das Standrecht. 21 Schutzbündler wurden standrechtlich zum Tode verurteilt. Zwölf von ihnen wurden nach einer Intervention durch England zu langen Haftstrafen begnadigt, neun Todesurteile jedoch vollstreckt. Die politischen Lager standen einander unversöhnlich gegenüber. Am 1. Mai 1934 („Maiverfassung") wurde eine bereits ständische Verfassung verkündet. Diese begann mit den Worten „Im Namen Gottes, des Allmächtigen, von dem alles Recht ausgeht".

Am 25. Juli 1934 kam es zum Putschversuch der Nationalsozialisten. Dieser wurde blutig niedergeschlagen. Es gab fast 300 Todesopfer, darunter auch Bundeskanzler Engelbert Dollfuß. Dieser gilt bis heute bei der ÖVP als Märtyrer im Widerstand gegen die Nazis, und dessen Portrait bis heute in den Räumen des Parlamentsklubs der ÖVP hängt. Nach dem Putsch wurde die Nazipartei verboten, viele ihrer Mitglieder interniert, zahlreiche Nazis flüchteten nach Deutschland. Dem Nachfolger von Dollfuß, Kurt Schuschnigg, gelang es nicht, das Land zu stabilisieren.

Das austrofaschistische Regime versuchte, im Rückgriff auf altösterreichische Traditionen, ein österreichisches Nationalbewußtsein zu wecken. Dies sah aber keine Abgrenzung zum Deutschtum vor, vielmehr wurde Österreich als legitimes Erbe der im Heiligen Römischen Reich deutscher Nation vetretenen Ideologie angesehen. Mit Verständnis darauf wurde die Idee der österreichischen Nation als Kampfbegriff gegen den Nationalsozialismus eingesetzt. Dieser Kampf war allerdings bereits verloren, als die Sozialdemokraten verboten und von der politischen Mitverantwortung ausgeschlossen, ihre Führer interniert oder in die Emigration getrieben wurden.

Ein braunes Requiem

Die nationalsozialistische Partei hat in der Ersten Republik erst spät an Zulauf gewonnen; längst waren anderswo autoritär-faschistische Regime etabliert und bald schon Hitler im Januar 1933 mit internationaler Billigung, ja Akzeptanz sogar, in Deutschland zum Reichskanzler geworden. Bei den letzten freien Nationalratswahlen im November 1930 errang die NSDAP 111.843 Stimmen, das waren 3% der Wählerstimmen. 1932 erzielte die NSDAP bei den Landtagswahlen in Wien, Niederösterreich, Salzburg und Vorarlberg aber überraschende Erfolge. In Vorarlberg, wo am 6. November 1932 die letzte große freie Wahl in der Ersten Republik abgehalten wurde, erreichte die NSDAP mit 8.000 Stimmen um 7.100 Stimmen mehr als bei der zuletzt abgehaltenen Wahl am 9. November 1930.

1938 war sie in Österreich noch immer die Partei einer kleinen Minderheit; es gab damals knapp 13.000 zahlende, illegale Mitglieder der NSDAP, das waren weniger als 0,2% der Bevölkerung.

Nach dem Anschluß traten der NSDAP dann freilich sehr rasch und in großer Zahl all jene bei, die sich davon persönliche und wirtschaftliche Vorteile erhofften, aber auch jene, die Repressalien vermeiden wollten. 1947 wurden 530.000 Mitglieder bei NSDAP, SS und SA registriert. Als Hitler im Frühjahr 1938 Bundeskanzler Dr. Kurt Schuschnigg in Berchtesgaden zum Anschluß an Deutschland drängte, setzte dieser eine Volksabstimmung an. Weil Hitler wußte, daß diese Abstimmung mit Sicherheit eine klare Mehrheit gegen den Anschluß bringen würde, ordnete er den gewaltsamen Anschluß an. Schuschnigg beschloß seine letzte Rede im Radio mit dem Satz: „Wir weichen der Gewalt" und „Gott schütze Österreich". Am 12. März 1938 folgte der Einmarsch deutscher Truppen in Österreich. Mit der Annexion war die Gleichschaltung mit dem Deutsche Reich vollzogen. Nicht einmal der Name Österreich blieb erhalten, und selbst die Bezeichnung Ostmark wurde rasch durch Namen von Alpen- und Donaugauen ersetzt. Der „Anschluß" schrieb der englische Historiker Francis Carsten, „nur zum Teil den Anstrengungen der österreichischen Nationalsozialisten zuzuschreiben und noch mehr deutschem Druck und der militärischen Macht des Dritten Reiches."

Thomas Mann, der den Kampf gegen den Nationalsozialismus bis zu dessen Untergang zu seiner Lebensangelegenheit erklärte, war häufig in Österreich zu Lesungen, Kuraufenthalten und dem Besuch der Salzburger Festspiele zu Gast. Nachdem er 1933 Deutschland verlassen mußte, überlegte er auch einige Zeit, Wien als neuen Wohnsitz zu wählen. Es waren die üblichen kakanischen Attribute, die ihm besonders reizvoll erschienen: Charme, Lebenskunst, Sinnlichkeit – und der südosteuropäische Hintergrund einer untergegangenen Monarchie, die noch ein Reich, kein Nationalstaat war. (Karl Markus Gauß) Mann emigrierte mit seiner Familie bekanntlich in die USA. Dort trat er kompromisslos für ein freies Österreich ein und gewährte vielen Vertriebenen aus Österreich seine Hilfe. Zwei Wochen nach dem „Anschluß" hielt er in Los Angeles eine Rede, in der er festhielt, daß Österreich schuldlos untergegangen sei (Franz Zeder). Im April 1938 schrieb der nach London emigrierte österreichische Sozialwissenschaftler Franz Borkenau, „Österreich, soweit man dies vorhersagen kann, gehört der Vergangenheit an."

Die am 10. April abgehaltene Volksabstimmung über den Anschluß, die mit enormer Propaganda und Terror vorbereitet wurde, war nur mehr eine Formsache: sie erbrachte in Österreich ein „überwältigendes Ja" mit 99,7% der Stimmen. Dieses Ergebnis ist nach Ansicht der meisten Historiker trotz einzelner Manipulationen im wesentlichen korrekt (Manfred Scheuch). Allerdings war zuvor eine enorme Propagandawalze über das Land gerollt, und selbst Karl Renner und Kardinal Innitzer hatten die Empfehlung abgegeben, mit „Ja" zu stimmen. Die Nazis hatten zudem im Vorfeld der Abstimmung für eine „Auslese" unter den Wahlberechtigten gesorgt. 360.000 Österreicher, 8% der zur Abstimmung berechtigten über Zwanzigjährigen, waren vom Stimmrecht ausgeschlossen, ebenso knapp 200.000 Juden und 177.000 „Mischlinge" sowie rund 70.000 Österreicher, die bereits inhaftiert waren.

Die unmittelbare wirtschaftliche Folge des Anschlußes war, daß der Devisen- und Goldschatz der Österreichischen Nationalbank im Werte von 2,7 Milliarden öS (196,2 Mio. Euro), der im Vergleich zu jenem Deutschlands 18mal größer war, nach Berlin gebracht wurde, wo er für volle neun Monate die deutsche Aufrüstung finanzierte; in Österreich brachte unterdessen der bayerische Hilfszug Lebensmittel zur Verteilung. Hitler hat mit der Annexion Österreichs eine ganze Reihe internationaler Abkommen und Verhaltensregeln gebrochen, aber abgesehen von Mexiko, das als erstes Land eine schriftliche Protestnote an den Völkerbund gerichtet hatte, China, Chile, der Sowjetunion und der Spanischen Republik erhob niemand Einspruch gegen die Annexion Österreichs. Die einzige Reaktion der Großmächte bestand darin, daß sie innerhalb weniger Tage Botschaften und Gesandtschaften in Wien in Generalkonsulate und Konsulate ihrer Botschaften in Berlin umwandelten.

Im Ausland hat man den Austrofaschismus, der illegal die Macht an sich gerissen hatte, ebenso akzeptiert wie Hitler als Reichskanzler, seine antidemokratische Politik und seinen Unrechtsstaat. Fast sieben Jahre lang wurde Hitler hofiert, wie etwa bei der Olympiade 1936. Trauriger Höhepunkt dieser Politik war das Münchner Abkommen und seine Folgen.

Das Hinnehmen der Annexion Österreichs durch die europäischen Mächte hatte sich bereits abgezeichnet. Die britische Regierung unter Premierminister Neville Chamberlain war bereit, im Rahmen einer neuen europäischen Ordnung, die auf einer Zusammenarbeit der vier Großmächte England,

Frankreich, Deutschland und Italien beruhen sollte, dem Anschluß Österreichs an Deutschland zuzustimmen. Dies brachte der als Außenminister vorgesehene Lord Edward Halifax gegenüber Hitler im November 1937 anläßlich einer Unterredung deutlich zum Ausdruck. Halifax betonte, England wäre nur daran interessiert, daß der Anschluß auf friedlichem Wege und ohne weitere außenpolitische Turbulenzen zustande gebracht würde.

Es beruhte, wie sich sehr rasch herausstellte, auf einer groben Fehleinschätzung der Westmächte, der Machtgier und dem Expansionsstreben Hitlers nicht energisch entgegenzutreten. Stefan Zweig hat in seiner „Welt von Gestern" darauf hingewiesen, daß Österreich ein „Stein in der Mauer" war und daß Europa niederbrechen würde, sobald man ihn heraussprengte. Er wußte, „daß mit Österreich die Tschechoslowakei fallen mußte und der Balkan dann Hitler offen zur Beute liegen und daß der Nationalsozialismus mit Wien, dank dessen besonderer Struktur, den Hebel in die harte Hand bekommen würde, mit dem er ganz Europa auflockern und aus den Angeln heben könnte."

Es ist eine beklemmende Tatsache, daß der am 13. März 1938 militärisch vollzogene Anschluß Österreichs von einem erheblichen Teil der einheimischen Bevölkerung begeistert begrüßt wurde. Die mit diesem Datum verbundene negative Zäsur der österreichischen Geschichte muß allerdings vor dem Hintergrund der wirtschaftlichen Misere, der inneren Zerrissenheit, der politischen Polarisierung sowie der Verfolgung Andersdenkender durch die austrofaschistische Diktatur und mit besonderem Bezug auf die Geschehnisse der Jahre 1933 und 1934 gesehen werden, ohne die nachfolgende Ereignisse nicht begreiflich gemacht werden können. Der schmachvolle, beklemmende Höhepunkt dieser in den Abgrund führenden politischen Entwicklung fand am 15. März 1938 am Heldenplatz statt.

„In Österreich, ehe es im großdeutschen Wolfsrachen verschwand" – schreibt Alfred Polgar – „galt der Grundsatz:

‚Leben und leben lassen'. Die Erziehung zur preußischen Maxime: ‚Sterben und sterben lassen' *(eine sicherlich ungerechte Beurteilung! Anm. d. Verf.),* machte dort erste gute Fortschritte, als das Land durch die Impotenz seiner bürgerlichen Politiker dem Verhungern und Verfaulen ausgeliefert, dem Tod keinen Lebenswillen mehr entgegenzusetzen hatte. Vom Himmel und den irdischen Mächten, Großmächten, verlassen, schloß es Kompromisse mit dem Teufel und wurde am Ende von ihm geholt. Vermutlich allerdings wäre das auch geschehen, selbst wenn die gutgesinnten Österreicher sich gegen ihn heroisch zur Wehr gesetzt hätten, wie 1934 die bewundernswerten Wiener Arbeiter gegen den Minidiktator im eigenen Land. Was der Höllenfahrt Österreichs ihre besonders grausige Note gab, war, daß sie von vielen so jubilant angetreten wurde, als ginge es schnurstracks ins Paradies. Ein Schauspiel, noch trister dadurch, daß die Kirche ihren Segen gab." In dem 14.000 Seiten starken Bericht der Österreichischen Historikerkommission, der 2003 fertiggestellt wurde, wurden die Fakten des NS-Raubes erschütternd nachgezeichnet.

Allerdings wurde der Anschluß keinesfalls, wie oft behauptet, von allen Österreichern als „Vollzug einer historischen Gesetzmäßigkeit" begrüßt. Der jubelnden Menge auf dem Wiener Heldenplatz muß die große Zahl jener gegenüber gestellt werden, die angsterfüllt und ahnungsvoll zu Hause saßen. Nicht zu vergessen ist weiters, daß sich unmittelbar nach dem Anschluß Widerstand erhob, der ebenfalls seine Opfer forderte. Aus heutiger Sicht, auf der Basis von persönlicher Sicherheit und politischer Freiheit, läßt sich vor allem für die jüngeren Generationen oft nur schwer nachvollziehen, welch ungeheuren Mut und persönliche Kraft es erfordert haben muß, sich gegen das Naziregime aufzulehnen. Den alle Lebensbereiche umfassenden Totalitätsanspruch samt den furchtbaren Konsequenzen für jeden mißliebig Gewordenen hat Hannah Arendt in ihrem Buch „Elemente und Ursprünge totaler Herrschaft" eingehend analysiert.

Aus einem Lagebericht der Gestapo vom Juni 1938 geht hervor, daß die Zahl der überzeugten Hitleranhänger nicht sonderlich groß war. Dort heißt es: „Wir dürfen uns durch das Wahlergebnis vom 10. April nicht irreführen lassen. Als ‚treue Kämpfer' können höchstens 15% betrachtet werden. Etwa 30% sind weniger wertvolle Anhänger, die aus wirtschaftlichen Gründen in Gegensatz zum klerikalen Regime geraten sind. 30–40% sind offene oder versteckte Gegner der Bewegung marxistischer und klerikaler Herkunft. Die Opposition dieser Leute tarnt sich manchmal mit Gleichgültigkeit, in der Hauptsache aber sind ihre Mitglieder offen feindselig und haßerfüllt."

Die Nazis gingen von Anfang an unerbittlich gegen ihre Gegner vor. Alleine zwischen dem Einmarsch der deutschen Truppen und der von Hitler inszenierten Volksabstimmung gab es rund 76.000 Festnahmen durch die Gestapo. Am 1. April, zehn Tage vor der Abstimmung, wurden die ersten politisch Verfolgten in das Konzentrationslager Dachau gebracht, darunter ein großer Teil der politischen Führungsgarnitur der späteren Zweiten Republik. Fritz Bock, Robert Danneberg, Leopold Figl, Alfons Gorbach, Franz Olah, Karl Seitz und viele andere fanden sich in den Lagerstraßen der KZs wieder.

Das war allerdings nur der Anfang eines großen Opferganges: Über 65.000 österreichische Juden wurden in den folgenden Jahren verschleppt und ermordet, über 16.000 andere Österreicher starben in Gestapo-Haft, fast 20.000 kamen in den Konzentrationslagern ums Leben, rund 2.700 wurden von den Volksgerichtshöfen zum Tod verurteilt und hingerichtet. Darüber hinaus sind 274.000 Österreicher als Angehörige der deutschen Wehrmacht gefallen, 24.300 Zivilisten kamen bei Luftangriffen oder Kriegshandlungen ums Leben, über 100.000 wurden aus dem Land vertrieben.

Der unser Fassungsvermögen übersteigende Höhepunkt des über weite Strecken blutigen 20. Jahrhunderts ist aber der Holocaust, die Shoa. Der blutige Zoll, den die Bevölkerung der kriegsführenden Staaten während des Zweiten Weltkrieges mit mehr als 55 Millionen Toten zu tragen hatte, kann nicht mit der Ermordung von mehr als sechs Millionen Juden verglichen werden. Sie alle wurden vom Rassenwahn der nationalsozialistischen Ideologie in den Tod geführt. Ihrem Tod lag ein eindeutiger Vernichtungsbefehl, eine vorbedachte Mordabsicht der nationalsozialistischen Diktatur zugrunde. Die industrialisierte Ermordung von Menschen war zweifellos, selbst vor dem Hintergrund vergangener, gleichzeitiger und späterer Genozide, das schrecklichste Novum der europäischen Geschichte, eine Untat von bis dahin unvorstellbarer Dimension.

Den Antisemitismus gab es in Österreich nicht erst seit dem Auftreten der Nationalsozialisten. Diese Ideologie hat eine lange, traurige antijudaistische Tradition im Christentum, vor allem in dessen römisch-katholische Linie, wovon die Progrome des Mittelalters grausames Zeugnis ablegen. Im 19. Jahrhundert kam durch Gobineau, Darwin oder Chamberlain noch eine verhängnisvolle rassistische Linie dazu, die in die verquerten Lehren von Schönerer und Vogelsang samt Apologeten mündeten. Wie sehr Antisemitismus in der sterbenden Monarchie gesellschaftlich präsent war, hat Arthur Schnitzler etwa in dem Stück „Professor Bernhardi" gezeigt. Sowohl im alten Österreich als auch in der Ersten Republik wurde in der öffentlichen Meinung, geschürt von einzelnen Parteien und Politikern, die Schuld an Mißständen, an sozialen Spannungen, an Armut und Not den Juden angelastet. Dies mag zum Teil mit dem Triumph der Gegenreformation und der selbstherrlichen Ausprägung der Aufklärung in Österreich zusammenhängen, denn dadurch wurden als Reaktion auf die Besserwisserei der Aufklärer mittelalterliche Stereotype bis in das 20. Jahrhundert tradiert. Die monströse Ungeheuerlichkeit des Holocaust geht zwar auf mächtige geistige Strömungen im 19. Jahrhundert zurück, die sowohl in der Erneuerung als auch in der Ausprägung biologistischen Gedankengutes zu suchen sind, doch klafft letztlich eine

Lücke beim schlüssigen Nachweis, daß diese Einflüsse den Antisemitismus nationalsozialistischer Prägung angetrieben haben. Das Klima erklärt lediglich den geringen Widerstand gegen die bekannt werdenden Bestialitäten.

Warum die österreichische Bevölkerung die sich ab März 1938 von Monat zu Monat verschlechternden Lage der jüdischen Mitbürger so passiv hinnahm, ist für die Nachkriegsgenerationen, denen Demokratie und Wohlstand selbstverständlich geworden sind, nicht nachvollziehbar. Alfred Polgar hat diese dunkle Epoche österreichischer Geschichte in seinem Nachruf „Der Österreicher" folgendermaßen charakterisiert: „Im März 1938 allerdings und in den Jahren der Vorbereitung zu diesem tragischen Wendepunkt ihres Schicksals haben Österreicher eindrucksvollst bewiesen, daß sie Bestien sein können. Zu ihren Schändlichkeiten, an den Juden verübt, mußten die österreichischen Nazi nicht erst kommandiert werden; sie begingen sie aus blankem Spaß an der Sache, mit einer Art von sportlichem Ehrgeiz, in ihr Originelles zu leisten, und zeigten schöpferische Phantasie in der Verschmelzung von Brutalität und Gemütlichkeit. Sie waren keine finsteren Quäler, mißhandelten ihre Opfer nicht mit dem deutschen tierischen Ernst, sondern mit jener Spielart einheimischen Humors, die ‚Hamur' ausgesprochen wird und so grausig ist wie ihr Name."

Helmut Qualtinger hat dies meisterhaft in der Person des „Herrn Karl" illustriert. Der „Herr Karl" ist die Inkarnation des Untertanen. Fünf Eide hat er leisten, fünf Nationalhymnen lernen müssen. Mit der roten Dominanz hat er sich arrangiert, mit der schwarzen Diktatur hat er sichs gerichtet, von den Nazis hat er sich, darin Symbol für viele, viel zu viele Österreicher, zum Mitläufer instrumentalisieren lassen, mit den Besatzungsmächten hat er sich fraternisiert. Kein Schwein, gewiß kein Held, sicherlich aber ein Überleben suchender, armer Kerl. Der Anti-Held par excellence. Im Grunde eine tragische Figur, die nicht nur in Österreich zu finden war (Beppo Mauhart).

Die Gleichgültigkeit vieler Österreicher gegenüber dem Schicksal der jüdischen Mitbürger fand auch auf der internationalen Ebene kein Korrektiv. Kaum ein Land war bereit, Juden aufzunehmen, Einreisevisa waren nur nach einem Leidensweg zu erhalten, ein schikanöser Bürokratismus, besonders der westlichen Staaten, entmutigte viele, eine Auswanderung überhaupt ins Auge zu fassen; die Schweiz und Schweden verlangten ausdrücklich einen „J"-Vermerk im Paß, um jüdischen Flüchtlingen die Einreise verweigern zu können. 1938 und 1939 hätten Großzügigkeit und Hilfsbereitschaft des Auslandes Zehntausenden das Leben retten können. Daraus hat Österreich gelernt.

Es ist seit 1945 zu einem bedeutenden Asylland in Europa geworden. Seit 1945 sind fast zwei Millionen Menschen durch und über Österreich in die Freiheit gelangt. Darunter waren 500.000 Juden (alleine 400.000 in den 70er Jahren) aus der Sowjetunion und anderen osteuropäischen Staaten. 1956 kamen rund 256.000 Ungarn, nach 1968 etwa 100.000 Tschechen und Slowaken und nach 1979 etwa 60.000 Polen nach Österreich. Als in Polen 1980/81 das Kriegsrecht verhängt wurde, hielten sich in weiterer Folge etwa 150.000 Polen zumindest vorübergehend in Österreich auf. Im Zuge des Krieges im ehemaligen Jugoslawien hat Österreich 80.000 Flüchtlinge aus Bosnien aufgenommen. Seit Jahren beteiligt sich Österreich zudem auch an zahlreichen Blauhelm-Einsätzen der UNO und leistet hohe Spenden an die notleidende Bevölkerung von Nachbarstaaten. Die privaten Spenden der österreichischen Bevölkerung für die Opfer in Bosnien waren beispielsweise doppelt so hoch wie jener Betrag, den alle EU-Staaten gemeinsam als Bosnien-Hilfe zur Verfügung stellten.

Mit dem Amtsantritt der ersten schwarz-blauen Regierung der Zweiten Republik im Februar 2000 ist dieses politische Verständnis relativiert worden. Die herabgesetzten Quotenregelungen für den Zuzug von Ausländern wurden so streng gehandhabt, daß es ausländischen Konzernen nicht möglich war, ausreichende Bewilligungen für die Beschäftigung von Managern zu bekommen. Humanitäre Organisationen, wie die Caritas, beklagten die menschlich wie rechtsstaatlich bedenklichen Verschärfungen der Asylantenbestimmungen. Es steht außer Frage, daß mit der Asylgewährung und der Imigration auch Probleme verbunden sind. Aus den damit verbundenen Ängsten der Bevölkerung, die oft dort am ausgeprägtesten sind, wo der Anteil an Imigranten und Gastarbeitern am geringsten ist, versuchen rechtspopulistische Parteien in Europa zunehmend politisches Kapital zu schlagen.

Die Versuche der FPÖ, in Österreich den Fremdenhaß zu schüren, sind aber wenig erfolgreich geblieben, wie das von ihr 1992 initiierte Ausländer-Volksbegehren gezeigt hat. Ihre verbalen Attacken haben jedoch den kritischen Blick der Weltöffentlichkeit auf Österreich gezogen, obwohl hier keine Neonazis die Straßen verunsicherten, keine Asylantenheime brannten, keine jüdischen Friedhöfe geschändet wurden, und 10% unserer Einwohner Zuwanderer sind, von denen die Hälfte nach 1990 zugezogen ist. Zu den großen Verdiensten des Wiener Bürgermeisters Michael Häupl zählt es, dem aggressiv geführten Wahlkampf vor den Gemeinderatswahlen im März 2001 der FPÖ unter Verweis auf die Erfolge einer integrativen Einwanderungspolitik Paroli geboten zu haben, was vom Wähler auch anerkannt wurde. Die SPÖ erzielte die absolute Mehrheit.

Bei den Nationalratswahlen am 3. Oktober 1999 haben die ehemaligen Koalitionspartner SPÖ und ÖVP Verluste hinnehmen müssen. Der Grund für diesen Wahlausgang war eine zunehmende Unzufriedenheit im Land über eine reformunfähige Erstarrung der Innenpolitik. Auch in Österreich spürten viele Menschen den Anbruch einer neuen Zeit, der Wandel und Modernisierung einforderte. Doch die SPÖ-ÖVP-Koalition hatte keine Visionen mehr, bot weder Perspektiven noch Antworten an.

Nach der Wahl vom Oktober 1999 setzte sich die ÖVP

über zwei Wahlversprechen hinweg: in dem Fall, die ÖVP werde von den Wählern auf den 3. Platz zurückverwiesen, in die Opposition zu gehen und keine Regierung mit der FPÖ zu bilden. Die wortbrüchige ÖVP sicherte sich schließlich durch die eingegangene Koalition mit der rechtspopulistischen FPÖ das Amt des Bundeskanzlers. Entsprechend heftig waren die Reaktionen.

Im Ausland, nervös durch die Erfolge rechtspopulistischer Parteien in Europa, registrierte man die Vorgangsweise Schüssels als einen Tabubruch: erstmals wurde eine als rechtspopulistisch verschrieene Gruppierung zur Regierungspartei. Die Nervosität führte zu den sogenannten Sanktionen (für kurze Zeit diskutierte sogar die Europäische Volkspartei über einen Ausschluß der ÖVP), im Februar 2000 verhängt, im September wieder zurückgezogen, weil sie töricht, unangemessen und damit kontraproduktiv waren; sehr bald danach wurden Sanktionen bei anderen Anlaßfällen erst gar nicht mehr in Erwägung gezogen. In Österreich trugen sie nur dazu bei, eine Regierung zu stützen, die bei ihrer Angelobung den Weg vom Bundeskanzleramt zum gegenüberliegenden Amtssitz aufgrund von Demonstrationen auf unterirdischem Weg antreten mußte.

Wie falsch der Vorwurf war, Österreich drifte ins nationale rechte Lager ab, zeigte sich bei der nächsten Nationalratswahl am 24. November 2002, die nach Aufkündigung der Koalition von der ÖVP vorzeitig herbeigeführt wurde. Bei dieser Wahl erlitt die FPÖ eine dramatische Abfuhr und wurde von 26,91% auf 10,16% reduziert. Dennoch ging die ÖVP, die vor der SPÖ stärkste Partei wurde, eine neuerliche Koalition mit der FPÖ ein. Die neue Regierung wurde am 28. Februar 2003 angelobt, der Weg zum Bundespräsidenten konnte diesmal oberirdisch erfolgen. Trotzdem war dem Bundeskanzler offensichtlich nicht wohl in seiner Haut, denn bei der Verlesung der Regierungserklärung war das Parlament aus Angst vor versprengten Demonstranten unangemessen hermetisch und verkehrsbehindernd abgeriegelt;

selbst die Straßenbahnstationen nächst dem Parlament wurden vorübergehend aufgelassen.

Am 24. Februar 2003 legte die „Historikerkommission der Republik Österreich", die Anfang Oktober 1998 von der damaligen großen SP-VP-Koalition eingesetzt wurde, ihren 14.000 Seiten umfassenden Bericht vor. Ihr Auftrag lautete, den gesamten Komplex Vermögensentzug während der NS-Zeit sowie die Rückstellungen bzw. Entschädigungen der Republik ab 1945 darzulegen.

Vom österreichischen Staat wurde seit 1945 eine Reihe von Gesetzen erlassen, die Entschädigungsleistungen und Restitution von Eigentum vorsahen. Diese erwiesen sich in der Rückschau vielfach als ungenügend. Dabei darf aber das Faktum nicht gänzlich unbeachtet bleiben, daß Österreich, so wie die meisten anderen europäischen Staaten auch, eine äußerst schwierige Nachkriegsperiode zu bewältigen hatte.

Österreich zog sich auf die Position der Opferthese zurück, wonach die Eigenständigkeit Österreichs durch die gewaltsame Annexion durch Hitler-Deutschland ausgelöscht wurde und dem Staat Österreich keine Schuld am Anschluß und an den Folgen erwuchs. Diese Auffassung wurde durch die Alliierten Mächte in der Moskauer Deklaration vom 1. November 1943 vorgegeben, worin diese von sich aus und ohne die Beeinflussung durch österreichische Kreise Österreich als erstes Opfer Hitlers bezeichneten. Eine österreichische Exilregierung gab es nicht. („Die Regierungen des Vereinigten Königreiches, der Sowjetunion und der Vereinigten Staaten von Amerika sind darin einer Meinung, daß Österreich, das erste freie Land, das der typischen Angriffspolitik Hitlers zum Opfer fallen sollte, von deutscher Herrschaft befreit werden soll ... Sie erklären, daß sie wünschen, ein freies unabhängiges Österreich wiederhergestellt zu sehen ..."). Die Alliierten sahen sich Österreich gegenüber als Befreier und machten sich folglich die Wiederherstellung eines unabhängigen Österreichs zur Aufgabe.

Die Moskauer Erklärung enthielt allerdings auch den Passus: „Österreich wird aber auch daran erinnert, daß es für die Teilnahme am Kriege an der Seite Hitler-Deutschlands eine Verantwortung trägt, der es nicht entrinnen kann, und daß anläßlich der endgültigen Abrechnung Bedachtnahme darauf, wieviel es selbst zu seiner Befreiung beigetragen haben wird, unvermeidlich sein wird."

Seit den 70er Jahren des 20. Jahrhunderts ist Österreich intensiv um die Aufarbeitung seiner politischen Vergangenheit bemüht. Im Rahmen der vielen zeitgeschichtlichen Initiativen sind unter anderem neben zahlreichen Fachpublikationen insbesondere auch die TV-Dokumentationen von Hugo Portisch, das 1971 gegründete Sigmund-Freud-Museum, die Errichtung einer Gedenkstätte in Mauthausen, die Einrichtung des Dokumentationsarchives des österreichischen Widerstandes, die Gründung jüdischer Museen in Eisenstadt, Wien und Hohenems, die Errichtung des Faschismus-Mahnmals von Alfred Hrdlicka und eines Holocaust-Mahnmals anzuführen; ein Weiheraum im KZ Auschwitz zum Gedenken an die österreichischen Opfer wurde leider erst 1978 eingerichtet.

Ein neues Denken in allen Fragen, die das österreichische Judentum betreffen, hat in der zweiten Hälfte des vorigen Jahrhunderts eingesetzt. Vor allem die christlichen Religionsgemeinschaften haben – wenn auch spät – erkannt, daß das Alte Testament, auf dem ihr Glaube fußt, ja auch der Glaubensurgrund der jüdischen Religion ist und sie mit den Juden in den 10 Geboten ein gemeinsames Fundament haben, das stärker ist, als alles, was an Trennendem angeführt werden kann.

Innerhalb der katholischen Kirche Österreichs, hat sich der mutige, weise und weitsichtige Kardinal Franz König, jahrzehntelang Erzbischof von Wien, sowohl auf dem Vatikanischen Konzil als auch in allen österreichischen Diözesen von Anfang an in ökumenischen Dimensionen für die Aussöhnung mit dem Judentum stark gemacht. Der Ruf, den Kardinal König weltweit – also auch in Jerusalem – genießt, ist das Resultat seiner unablässigen Bemühungen, für die abrahamitischen Religionen wenigstens den kleinsten gemeinsamen Nenner zu finden.

Ein weltlicher Weggefährte dieses großen Kardinals ist der nicht minder bedeutende Judaist Kurt Schubert. Als ebenso überzeugter Versöhner der monotheistischen Religionen hat Schubert von 1945 an systematisch auf die Errichtung eines eigenen Institutes für Judaistik an der Universität Wien hingearbeitet, und dieses Institut hat inszwischen in Bezug auf Forschung und Lehre in ganz Europa einen legendären Ruf erworben. Auch inneruniversitär hat der glänzende Ruf dieses Institutes sehr viel dazu beigetragen, um den früher so virulent gewesenen akademischen Antisemitismus bis auf einige offenbar unvermeidbare Reste zum Verschwinden zu bringen.

Besonders erwähnenswert sind aber auch die Tätigkeiten von privaten Vereinen und Einzelpersonen, die für Israel und in Israel selbst Zeichen der Versöhnung setzen wollen. Die Österreichisch-Israelische Gesellschaft, die Gesellschaft der Freunde der Universität Tel Aviv, die Gesellschaft der Freunde der hebräischen Universität Jerusalem (sie errichtete 2001 ein eigenes Austrian-Israel Center) und das von Leon Zelman gegründete Jewish Welcome Service sind unablässig bemüht, die durch die innenpolitische Konstellation Österreichs in Turbulenzen geratenen Beziehungen zu Israel zu entstören und neue Beziehungsfäden zu knüpfen.

Hervorzuheben sind auch die Aktivitäten der Stadt Wien, die durch eine Fülle von Publikationen um Verständnis für Israel und für die besondere Lage der in Wien wohnhaften Österreicher jüdischen Glaubens wirbt. Sie läßt der Wiener jüdischen Gemeinde auf schulischem, sozialem und kulturellen Gebiet eine materielle und organisatorische Unterstützung angedeihen, wie sie weder in Berlin noch in Paris, weder in London noch in New York auch nur annähernd geübt wird.

Mit ihren denkwürdigen Reden vor dem österreichischen

Parlament und in Israel haben Bundespräsident Thomas Klestil und die Bundeskanzler Franz Vranitzky, Viktor Klima und Wolfgang Schüssel ebenfalls wichtige Schritte zugunsten des geschichtlichen Einbekenntisses und die Aufarbeitung der Vergangenheit gesetzt.

Mit dem 1995 eingerichteten Fonds für die Opfer des Nationalsozialismus und dem Rückgabegesetz von 1998 wurden, wenn auch spät, wichtige Vorleistungen für das im Januar 2001 erzielte „Washingtoner Abkommen", eine gemeinsame Vereinbarung über nicht restituiertes Vermögen, erbracht. Österreich stellt für Personen, bzw. ihre Erben, die vom NS-Regime aus politischen Gründen, aus Gründen der Abstammung, Religion und Nationalität, sexueller Orientierung, körperlicher und geistiger Behinderung verfolgt wurden und auf dem Gebiet der heutigen Republik Österreich Verluste oder Schäden erlitten haben, 210 Mio. US-Dollar zur Verfügung. Das Abkommen ist neben der Republik Österreich von den USA, der Conference on Jewish Material Claims, der österreichisch-israelitischen Kultusgemeinde, österreichischen Wirtschaftsunternehmen und eingebundenen Rechtsanwälten unterfertigt worden.

Seitens Österreichs wurden die Verhandlungen von den beiden Sonderbeauftragten Maria Schaumayer (für Sklaven- und Zwangsarbeiterfragen) und Ernst Sucharipa (für Vermögensfragen), seitens der USA wurden die Verhandlungen vom damaligen Vizefinanzminister Stuart E. Eizenstat geführt. Dieser hob ausdrücklich die Bemühungen Österreichs für das Zustandekommen dieses Abkommens hervor, wenngleich niemals ein Schlußstrich unter die NS-Greuel gezogen werden könne.

Ebensowenig wie es eine Kollektivschuld gibt, dies legte Kardinal König bereits 1950 dar, kann auf die Nachkriegsgenerationen Verantwortung für das Geschehene übertragen werden. Es gilt vielmehr, aus dem Geschehen heraus Verantwortung zu fühlen, und die Verpflichtung einzugehen, im Sinne des „Niemals vergessen" (Elie Wiesel), Wiederholung niemals zuzulassen, denn so steht auf dem griechischen Mahnmal im Konzentrationslager Mauthausen geschrieben: „Das Vergessen des Bösen ist die Erlaubnis zu seiner Wiederholung".

Ein Staat, den alle wollen

Österreich befand sich nach Beendigung des Zweiten Weltkrieges in einer für heutige Begriffe unvorstellbaren Notlage. Diese wurde von Bundeskanzler Leopold Figl in einer vom Hörfunk übertragenen Rede zu Weihnachten 1945 ergreifend geschildert: „Ich kann Euch zu Weihnachten nichts geben. Ich kann Euch für den Christbaum, wenn Ihr überhaupt einen habt, keine Kerzen geben. Ich kann Euch keine Gaben für Weihnachten geben. Kein Stück Brot, keine Kohle zum Heizen, kein Glas zum Einschneiden … Wir haben nichts. Aber, bitte, glaubt an dieses Österreich."

Das Land stand vor dem Nichts. Die Hälfte der Industrie und ein bedeutender Prozentsatz des Wohnraumes waren zerstört, ebenso fast alle großen Bahnhöfe. Ein großer Teil der Industrieanlagen in Ostösterreich wurde demontiert, über 250 Großbetriebe und die Erdölförderung waren von den Sowjets beschlagnahmt worden. Für die Besatzung und die im nachfolgenden Staatsvertrag auferlegten Bedingungen mußten die Kosten aufgebracht werden.

Auf Vorschlag des amtierenden US-Staatssekretärs Clayton beschloß die UNRRA (United Relief and Rehabilitation Administration), der Bevölkerung Österreichs Hilfe und Unterstützung zu gewähren, „… da Österreich nicht das feindliche Land, sondern als befreites Land angesehen werden muß …". Wie drückend die Not war, verdeutlicht auch der Besuch des amerikanischen Expräsidenten Herbert Hoover, der sich selbst über die Ernährungslage ein Bild machen wollte. Der Generaldirektor der UNRRA, Fiorello La Guardia, erklärte ein Jahr nach Anlaufen der Unterstützungsinitiative, daß „das österreichische Volk zu jenen Völkern der Welt zähle, die dem Niveau des Hungertodes am nächsten seien"; in der Tat betrugen die verfügbaren Tageskalorien im Jahr 1946 durchschnittlich 950 pro Person. Insbesondere im sowjetbesetzten Ostösterreich waren die wirtschaftlichen Verhältnisse katastrophal.

Aber im Unterschied zur Ersten Republik glaubte man an die Zukunft des in den letzten Apriltagen des Jahres 1945 aus den Trümmern des Dritten Reiches wiedererstandenen Österreich. Mit großer Entschlossenheit wurde begonnen, das schwer geprüfte Land aus Schutt und Asche so rasch wie möglich wieder aufzubauen. Es gab keinen Zweifel an dem Wunsch, die Freiheit zu erlangen und wieder „Herr" im eigenen Haus zu werden. Im Ringen um die Freiheit, im Bemühen um den Abzug der Besatzungsmächte sowie in der Kräftebündelung des Wiederaufbaues entstand ein positiv besetztes Österreich-Bewußtsein.

Österreich wurde nach 1945, vor allem nach 1955 zu einer Willensnation. Es bedurfte der Schrecken der Nazizeit, des Zweiten Weltkrieges und der Besatzung, daß Sozialdemokraten und Christdemokraten, die politischen Gegner während der Ersten Republik, zusammenfanden. Dabei ist insbesondere in Erinnerung zu rufen, daß die Sozialdemokraten bereits während der Zeit des Austrofaschismus, also zwischen 1934 und 1938, der politischen Verfolgung ausgesetzt waren. Sie waren in allen Lagern (Gerhard Scholten) – eingesperrt! Beide Gruppierungen sind schließlich zu Opfern der Nazis geworden, ihre Vertreter landeten in den Gefängnissen und den Konzentrationslagern, wo sie in den Lagerstraßen über ihre ideologischen Grenzen hinweg zueinander und zu einem gemeinsamen Weg fanden. Die daraus folgende Konsens- und Konkordanzdemokratie hat man inzwischen verlassen und den Weg einer vergiftenden Konfliktdemokratie eingeschlagen, ohne daß damit Zukunftsvorstellungen oder professionelle Gestaltungs- und Umsetzungsqualitäten verbunden gewesen wären. Der vielfach und nicht immer zu unrecht kritisierte Proporz wurde inzwischen, wie schon in anderen Bereichen nunmehr auch auf Bundesebene, zum „Majorz", d. h. zur personalpolitischen Machtpolitik und damit zur

Machterhaltung verwandelt. Mag Politik auch Machterhaltung sein, so ist Machterhaltung längst noch nicht Politik.

In der Zweiten Republik wurde die Koalition zwischen den beiden Großparteien SPÖ und ÖVP zur vorherrschenden Regierungsform. Diese Konkordanzpolitik bezahlte man mit der Tabuisierung der Geschichte vor 1938. In der Folge kam es zwar zunächst zu einer strengen Verfolgung der ehemaligen Nationalsozialisten durch die Regierung, in Hinblick auf eine gemeinsame Regierungsbildung verständlicherweise nicht aber zu einer Verfolgung der Verbrechen des Austrofaschismus, obwohl dies ursprünglich von Renner in dem von ihm entworfenen Regierungsprogramm enthalten war und auch von den Alliierten gefordert wurde.

In diesem Papier stellte Renner Nationalsozialisten und Austrofaschisten auf eine Stufe. Von dieser rigorosen Haltung ist Renner 1946 allerdings wieder abgerückt. Er trat in der Folge dafür ein, das Naziproblem in einer differenzierten, der Mitverantwortung und Schuld des einzelnen angepaßten Weise zu lösen. Am rigorosesten gingen die Amerikaner gegen die ehemaligen Nazis in unserem Land vor (Glasenbach). Diese Aufgabe war dem CIC, dem „Counter Intelligence Corps", übertragen worden, das jeder amerikanischen Armee angegliedert war. Wie hart vom CIC durchgegriffen wurde, beweist die Verhaftung von Verwaltungsbeamten, auch wenn diese nicht NSDAP-Mitglieder waren. Das CIC führte Listen von Personenkategorien mit sich, die automatisch zu verhaften waren. Diese als „Automatic Arrest List" bezeichnete Aufstellung schloß ursprünglich auch die Führer der Heimwehren bzw. der seinerzeitigen bürgerlichen Wehrverbände ein. Sie wurden als „Faschisten" in die gleiche Kategorie wie die „Nationalsozialisten" gestellt. Es stellte sich allerdings bald heraus, daß dieses Ansinnen nicht in aller Rigorosität durchzuziehen war, weil dann viele Regierungsmitglieder, wie auch der ehemalige KZ-Insasse Figl, ebenfalls hätten verhaftet werden müssen. Dies förderte die Tabuisierung der austrofaschistischen Ära und ihrer Wurzeln.

Was die nationalsozialistische Vergangenheit betrifft, so erließ die erste österreichische Regierung harte Gesetze zur Bestrafung von Nazis und Kriegsverbrechern. Das Verfassungsgesetz über „Kriegsverbrechen und andere nationalsozialistische Untaten" aus dem Jahr 1945 war überaus streng. In mehr als 130.000 Fällen kam es zu Verfahren wegen Verbrechen nach dem Verbots- und wegen Verbrechen nach dem Kriegsverbrechergesetz. Im Rahmen der Straf- und Sühnegesetze für alle, die im Namen des Nationalsozialismus persönliche Schuld auf sich geladen hatten, wurden knapp 600.000 Österreicher registriert. 100.000 von ihnen wurden aus öffentlichen Ämtern entlassen, fast ebenso viele erhielten Berufsverbot. Diese Verfahren, worüber in den Medien ausführlich berichtet wurde, erregten in der Öffentlichkeit große Aufmerksamkeit. Zur Bestrafung der Nazis gehörte auch das Verbot der Teilnahme an der ersten freien Wahl im November 1945.

Im Zuge des demokratischen Festigungsprozesses in der Nachkriegsära erwies es sich als immer schwieriger, die ehemaligen, vor allem die zahlreichen sogenannten minderbelasteten Nazis auf Dauer auszugrenzen. Zudem führte der gewaltige Aderlaß Österreichs an geistigem und menschlichem Potential sehr bald zu Engpässen bei der Besetzung wichtiger Positionen. Allerdings wurde verabsäumt, vor allem die jüdischen Emigranten von offizieller Seite zur Rückkehr zu bewegen. So gab es einen beträchtlichen Mangel an Lehrern, Ärzten, Apothekern, Beamten oder Managern. Dies machte Amnestien notwendig. Es war auch schwer möglich, in einer inzwischen gefestigten Demokratie einen nicht unbeträchtlichen Teil der Bevölkerung für immer zu stigmatisieren und vom politischen Leben auszuschließen. Eine Reintegration war aufgrund der gefestigten Demokratie auch möglich.

Es waren im übrigen Großbritannien und Frankreich, die auf die Gründung einer Auffangpartei für die früheren Nationalsozialisten drängten, bald unterstützt von den Sowjets und den Amerikanern. Bei den Parlamentswahlen 1949 waren auch die ehemaligen Nationalsozialisten wieder zugelassen. Zwischen den politischen Parteien, einschließlich der Kommunisten, setzte ein Buhlen um deren Wählerstimmen ein. Bei dieser Wahl trat erstmals auch der neugegründete VdU (Verband der Unabhängigen) an, der zunächst zu einem Sammelbecken der „Ehemaligen" wurde und bei den Nationalratswahlen bei einer Wahlbeteiligung von fast 97% einen Stimmenanteil von knapp 12% erreichte. Dessen Gründung wurde vor allem von der SPÖ mit dem Ziel unterstützt, der ÖVP die Stimmen ehemaliger Nazis zu entziehen und die neuerliche Bildung eines für die Erste Republik so nachhaltig schicksalshaften Bürgerblocks zu verhindern. Dieses strategische Ziel, die Aufteilung des bürgerlichen Lagers in zwei politische Parteien zu fördern, hat wesentlich zur politischen Stabilisierung beigetragen. Erst 1986 wurde im Alleingang des damaligen Regierungschefs, der noch nicht einmal Vorsitzender der SPÖ war, eine Richtungsänderung vollzogen, die Kreisky als schweren politischen Fehler bezeichnete. In der weiteren Folge hat sich diese Ausgrenzung und das überhebliche Ignorieren als gravierende strategische Fehlentscheidung erwiesen. Eine Vielzahl von Anlaßfällen hätte eine politischen Bekämpfung herausgefordert, tatsächlich wurden jedoch nur wenige einzelne aufgegriffen.

Die seinerzeitige gesellschaftliche und politische Wiedereinbeziehung der registrierten Nationalsozialisten wurde auch durch den Beginn des Kalten Krieges beschleunigt. Im Zuge dieser Entwicklung gaben die Westalliierten ihre Vorbehalte gegenüber den Nazis weitgehend auf und erblickten in ihnen nunmehr zuverlässige Antikommunisten. So bekam etwa der SS-Spionagechef Höttl von den Amerikanern in Gmunden eine Villa zugewiesen, um sein altes SS-Agentennetz gegen den Osten wieder zu aktivieren. Um Österreich das Schicksal etwa der Tschechoslowakei oder Ungarns zu ersparen, wurden Waffenlager angelegt und als Vorläufer des Bundesheeres die B-Gendarmerie institutionalisiert.

Österreich hat sich nach 1945 – bei weitgehendem Verzicht auf seine visionäre Sendung und auf die Idee eines geistigen, größeren Österreich –, in seinen Ländern, in den Parteien und in den Interessenverbänden wiedergefunden. Die traumatischen Erfahrungen der Ersten Republik, die Zeit des Dritten Reiches und des Zweiten Weltkriegs wurden in der Folge überdeckt vom Erfolgserlebnis des gemeinsamen Wiederaufbaus und des am 15. Mai 1955 unterzeichneten Staatsvertrages, mit dem Österreich nach der Befreiung 1945 und nach zehnjähriger Okkupation durch die Besatzungsmächte wieder seine volle Freiheit und Unabhängigkeit erlangte. Dazu gehörte auch die Beschlußfassung über die Neutralität, die über Jahrzehnte eine identitätsstiftende Bedeutung erlangte. Die damaligen weltpolitischen Bedingungen haben jedoch heute ihre Gültigkeit verloren. Weder im Rahmen der UNO noch im Rahmen der EU gibt es den Neutralitätsstatus. Dementsprechend und als Beitrag zur gemeinsamen Sicherheits- und Außenpolitik der EU, die zur Verantwortung jedes einzelnen Mitgliedes gehört, wird auch Österreich einen angemessenen sicherheitspolitischen Beitrag leisten müssen.

Die Zweite Republik vollzog mit der Integration in das westliche Wirtschaftssystem eine außen- und wirtschaftspolitische Neuorientierung, weg von Österreichs traditionellen Einflußräumen in Ost- und Südosteuropa, hin zu einer allgemeinen Westorientierung. Österreich trat der OECD, der UNO, dem Europarat und anderen internationalen Organisationen bei.

Der Beitritt zur EU am 1. 1. 1995, für die im Rahmen einer Volkabstimmung eine Zweidrittelmehrheit eintrat, der Einführung des Euro 1999 und die begonnene gesamteuropäische Integration haben der vielschichtigen Identität der Österreichischen Nation eine neue europäische Bezüglichkeit hinzugefügt.

Bis sich die Österreicher als selbstständige Nation verstanden, brauchte es Zeit. Im ersten Jahr nach Abschluß des

Staatsvertrages, 1956, waren erst knapp 40% der Österreicher davon überzeugt, daß ihr Land eine eigene Nation sei, ein Viertel verneinte dies noch. Zu Österreichs Selbstfindung haben zweifellos auch der zunehmende Wohlstand, der Status der Neutralität, aber auch Kreiskys Außenpolitik beigetragen. Diese vermittelte den Österreichern das Gefühl von Weltgeltung, allerdings war diesen Bemühungen angesichts der realen Einflußmöglichkeiten auf dem internationalen Parkett eine gewisse Selbstüberschätzung nicht abzusprechen.

Die Frage, ob Österreich eine eigene Nation sei, stellte sich bereits gegen Ende des 20. Jahrhunderts nicht mehr, ebensowenig konnte noch von einer Habsburg- oder Monarchienostalgie die Rede sein. Beim neuen Österreich-Bild sticht im internationalen Vergleich vielmehr der besonders ausgeprägte Stolz der Österreicher auf ihre Heimat hervor, der sich auf die Gesamtheit der Leistungen aus Wirtschaft, Politik, Wissenschaft, Kultur und Sport bezieht. Dieser Einschätzung entsprechend wird Österreich auch nicht vorrangig als reine „Staats-", „Ethno-", oder „Kulturnation", als vielmehr als ganzheitliche gesellschaftlich-politische Gemeinschaft verstanden (Max Haller).

Erschütterungen im Inneren, wie die Waldheim-Affäre 1986, oder Veränderungen im internationalen Umfeld, wie das Verschwinden des Eisernen Vorhangs 1989, oder die Vereinigung der beiden deutschen Staaten 1992, konnten das konsolidierte Österreich-Bewußtsein nicht mehr untergraben (Ernst Bruckmüller). Die Waldheim-Affäre trug allerdings wesentlich dazu bei, einen in der Gesellschaft lange tabuisierten Zeitabschnitt wieder in das Zentrum des Interesses zu rücken (Anton Pelinka/ Erika Weinzierl).

Viele der im Verlauf der Zweiten Republik tradierten Klischees halten einer kritischen Beurteilung nicht stand. Es wird aber nichts gewonnen, wenn bestehende Schwarz-Weiß-Geschichtsbilder durch neue übertüncht werden. Geschichte ist komplex. Brigitte Haman und Guido Knopp haben einmal mehr mit ihren Hitler-Biographien den hohen Standard seriöser Geschichtsforschung vorgegeben.

So ist bei aller Berechtigung von Kritik, dem spezifischen Kritikmuster, das bei Thomas Bernhard, Elfriede Jelinek, Robert Menasse oder Gerhard Roth herauszulesen ist, ungeachtet aller literarischen Freiheiten entgegenzuhalten, daß Betrachtungen über Österreich vom erhabenen Sockel des gnadenlos Guten und Wahren unter Ausschluß der komparativen Dimension (Gerald Stourzh) zur Schaffung eines ebenfalls sehr einseitigen Geschichtsbildes beiträgt. Dieser Vorwurf richtet sich auch gegen die Versuche, die Geschichte der Habsburger in der reduzierten Form eines „Schwarzbuches" abzuhandeln oder Karl Renner, Leopold Figl, Julius Raab und Adolf Schärf als „überschätzte Gründungsväter der Republik" zu deklassieren. Eine solche Beurteilung durch einzelne Journalisten, die die damaligen Schwierigkeiten selbst nicht meistern mußten, entzieht sich auch den Ansprüchen einer handwerklich fundierten Recherche. Es entbehrt auch nicht einer gewissen Ironie, wenn Leute, denen bislang jeder vergleichbare Erfolgsnachweis fehlt, und die sich selbst ob ihrer önologischen Vorlieben rühmen, von der „Reblaus-Gemeinschaft" von damals sprechen.

Wie aber meinte einmal Golo Mann: „Im übrigen ist man halt mit sich identisch, mit all den Schwierigkeiten, die viele Identitäten bedeuten".

Vom Armenhaus
zur Wohlstandsgesellschaft

Österreich war, wie schon zuvor, erst recht nach dem Zweiten Weltkrieg ein Armenhaus. Ein halbes Jahrhundert später zählt es zu den wohlhabendsten Ländern der Welt. Die Zweite Republik wurde zur Erfolgsstory. Dies erscheint um so bemerkenswerter, wenn man sich die Ausgangsbedingungen vergegenwärtigt: die zahlreichen Opfer und die großen Schäden durch den Zweiten Weltkrieg; nach der Befreiung von der Nazidiktatur die – ungeachtet aller vor allem von amerikanischer Seite kommenden Hilfeleistungen – Belastungen, Leiden und Behinderungen durch die zehnjährige alliierte Besatzung, die zudem mit Ausbruch des Kalten Krieges in zwei Feindeslager zerfielen; die extreme Randlage am Eisernen Vorhang.

Zu Beginn des 21. Jahrhunderts verfügt Österreich nicht nur über große Wirtschaftskraft, sondern auch über hohe Lebensqualität. Diese wird durch eine intakte Umwelt, der Selbstverständlichkeit von reinem Trinkwasser, sauberen Flüssen und Seen, einer hohen Luftqualität ebenso verdeutlicht wie durch innere Sicherheit, sozialen Frieden, politische Stabilität, ein funktionierendes Sozial- und Gesundheitswesen, einen hohen Bildungsstandard sowie ein weitgefächertes Kulturangebot.

Diese Errungenschaften hat sich Österreich seit 1945, unter Nutzung der günstigen internationalen Entwicklungslagen, konsequent erarbeitet. Ungeachtet aller politischen Turbulenzen und ideologischer Kontroversen haben alle politischen Parteien und Interessenverbände das gemeinsame Ziel verfolgt, die Lebensbedingungen der Menschen zu verbessern und dafür die wirtschaftlichen Voraussetzungen zu schaffen.

Die ökonomische Entwicklung Österreichs nach dem Zweiten Weltkrieg kann in Anlehnung an den ehemaligen österreichischen Finanzminister und langjährigen Notenbankchef Stephan Koren grob in fünf Phasen gegliedert werden. Während der ersten drei Phasen, zwischen 1945 und 1975, hat sich Österreich zu einem modernen Industriestaat entwickelt. Mit den Veränderungen im internationalen Währungssystem (Aufhebung der Goldkonvertibilität des Dollars) und den Folgen des Ölpreisschocks von 1973 ist Österreich in eine vierte Phase eingetreten, und mit der sich seit Mitte der 80er Jahre abzeichnenden Entwicklung der Globalisierung und Deregulierung sowie dem Übergang von der Industrie- in die Wissensgesellschaft in eine fünfte.

Die erste Periode, die von Koren als die der „pragmatischen Improvisation" bezeichnet worden ist, dauerte von 1945 bis 1947. Diese Zeitspanne war gekennzeichnet durch Chaos, Hunger, eine zurückgestaute Inflation und den Kampf ums Überleben. Wirtschaftspolitik beschränkte sich zunächst auf Rationierungen, die Kontrolle von Produktion und Güterverteilung sowie auf die Festsetzung der Verkaufspreise. 1946 und 1947 kam es zu umfangreichen Verstaatlichungen in Grundstoffindustrie und E-Wirtschaft. Diese Maßnahmen erfolgen weniger aus ideologischen denn aus Gründen praktischer Zweckmäßigkeit. So gelang es, den industriellen Komplex, der im Eigentum von Nazi-Deutschland gestanden war, dem Zugriff der Besatzungsmächte zu entziehen. Gleichzeitig sicherte man sich damit wichtige Ressourcen für den Wiederaufbau. Etwas später wurde das sogenannte deutsche Eigentum von den Westalliierten Österreich zur rechtmäßigen Rückführung überantwortet. Mit 1. Dezember 1945 wurde der Schilling erneut als österreichische Währung eingesetzt.

Die zweite Phase der wirtschaftlichen Rekonstruktion fand zwischen 1947 und Ende 1952, eingeleitet durch eine Währungsreform, statt. Die sich im Umlauf befindlichen Schillingnoten wurden im Verhältnis von drei zu eins gegen eine neue Schilling-Währung eingetauscht. Diese Währungsreform fiel mit dem Einsetzen der Marshallplanhilfe zusammen, die Österreich pro Kopf die vergleichsweise höchste Unterstützung gewährte. Es kam zu einer rasanten wirtschaftlichen Aufwärtsentwicklung. Bereits zur Jahreswende 1948/49 konnte die Rationierung bei wichtigen Versorgungsgütern aufgehoben werden.

Trotz des Währungsschnittes von 1947 gelang es nicht, die umlaufende Geldmenge in den Griff zu bekommen, was zu hohen Inflationsschüben führte. 1952, dem Jahr, in dem auch der Koreakrieg zu Ende ging, lief das auf vier Jahre angelegte US-Hilfsprogramm im Rahmen des Marshallplanes aus. Eine unkontrollierte Inflation lief zu diesem Zeitpunkt die Gefahr, die erreichte wirtschaftliche Stabilisierung erneut ins Wanken zu bringen. Daher wurde von der damaligen Regierung unter Federführung von Finanzminister Reinhard Kamitz und auf massiven Druck von amerikanischer Seite ein umfassendes wirtschaftliches Restriktionspaket geschnürt, das mit Erfolg in ein wirtschaftliches Reformprogramm übergeführt wurde. Dieser Wirtschaftskurs, von der ÖVP für den Wahlkampf 1956 geschickt als „Raab-Kamitz-Kurs" lanciert, war aufgrund der engen wirtschaftspolitischen Kooperation des Finanzministers mit dem ehemaligen Bundesminister für Verkehr und verstaatlichte Betriebe, Karl Waldbrunner, de facto ein „Kamitz-Waldbrunner-Kurs". Dieser wurde allerdings aufgrund massiven Drängens von amerikanischer Seite eingeschlagen. Deren Kritik fand auch im Johnstone-Bericht Niederschlag, der durch eine österreichische Gegendarstellung nicht entkräftet werden konnte.

Zur Aufwärtsentwicklung der Wirtschaft trug auch das 1952 abgeschlossene Schuldenabkommen von Rom bei, durch das die Vorkriegsschulden Österreichs erheblich reduziert wurden. Die Wiederaufbauphase selbst fand mit der endgültigen Beseitigung der Lebensmittelrationierung im Jahr 1953 ihren Abschluß.

In der dritten Nachkriegsphase, die 1953 einsetzte, gedieh

Österreichs Ökonomie endgültig zur funktionierenden Marktwirtschaft. Die Zweite Republik erreichte nach dem Wiederaufbau eine Wachstumsphase, die über zwei Jahrzehnte – von 1955 bis 1974/75 – anhielt. In dieser Zeit wurde mit ökonomischen Mitteln die europäische Integration entscheidend vorangetrieben. Der Grundstein wurde mit der 1952 gegründeten Europäischen Gemeinschaft für Kohle und Stahl (EGKS, auch Montanunion genannt) gelegt. Die Gründungsmitglieder waren die Benelux-Staaten, Frankreich, Italien sowie die Bundesrepublik Deutschland. Sechs Jahre später wurde von ihnen mit den sogenannten römischen Verträgen die Europäische Wirtschaftsgemeinschaft EWG und mit dem Ziel der friedlichen Nutzung der Kernenergie die Europäische Atomgemeinschaft Euratom gegründet. Euratom, EGKS und EWG wurden 1967 zu den Europäischen Gemeinschaften (EG) fusioniert, die 1993 in die Europäischen Union umgewandelt wurden.

Österreich konnte vor dem Hintergrund des Kalten Krieges aus realpolitischen und neutralitätspolitisch begründeten Überlegungen nicht der EWG beitreten. Die Staatsvertragsmächte, vor allem die Sowjetunion, hätten einen Beitritt Österreichs zur EWG nicht akzeptiert. Österreich ist daher zunächst der 1960 nach Ablehnung des EWG-Beitritts Großbritaniens durch deGaulle gegründeten EFTA (European Free Trade Association) beigetreten. Gründungsmitglieder der EFTA waren Österreich, Großbritannien, Norwegen, Schweden, Dänemark, Portugal und die Schweiz. Finnland, Liechtenstein und Island traten später bei. Aufgrund der wirtschaftlichen Verbindungen Österreichs zu den EWG-Staaten und insbesondere zur Bundesrepublik Deutschland erwuchsen für Österreich aus der Nichtmitgliedschaft zur EWG zunehmend Nachteile. Schließlich gelang es Österreich, 1972 ein industrielles Freihandelsabkommen mit der EG abzuschließen. Damit konnte der Schwächung der EFTA durch den 1973 erfolgten Beitritt von Großbritannien, Dänemark und Irland zur EG entgegengewirkt werden. Die mit Michael Gorbatschow eingeleitete Entwicklung in der Sowjetunion ließ auch deren Bedenken gegen eine EG-Mitgliedschaft Österreichs zunehmend schwinden. Am 19. Juni 1989 erteilte der Nationalrat der Regierung den Auftrag, Verhandlungen mit der Europäischen Union aufzunehmen. Nach dem Ende des Kalten Krieges und nach dem Zerfall des Sowjetimperiums war ein Beitritt möglich geworden. Österreich wurde mit breiter Zustimmung in einer Volksabstimmung schließlich am 1. 1. 1995 Mitglied der EU.

Auf internationaler Ebene erfolgte die Entkolonialisierung und der ökonomische Aufstiegs Japans sowie in weiterer Folge der vier großen Drachen (Hongkong, Singapur, Südkorea, Taiwan) und der vier kleinen Drachen (Indonesien, Malaysia, Philippinen, Thailand) im Fernen Osten. Die wirtschaftliche Multipolarität begann sich in der Herausbildung der Triade Nordamerika, Ferner Osten und Westeuropa zu verfestigen.

Die 60er und 70er Jahre wurden nicht zuletzt durch technologische Innovationsschübe und das Entstehen einer neuen Wertekultur geprägt. Der Einsatz von Mikroprozessoren und Computern leitete den Übergang vom Industrie- zum Informationszeitalter und zur Wissensgesellschaft ein. Fortschritte im Bereich der Diagnosetechnik sowie der Transplantations- und Mikrochirurgie haben neue medizinische Standards eröffnet. Die Emanzipationsbewegung der Frauen und die Pille brachen gesellschaftliche Traditionen auf. Die Verkürzung der Arbeitszeit, das Entstehen einer Freizeitwirtschaft, der Welttourismus, die Ausweitung des Gesundheits- und Erziehungswesens sowie die erfreulicherweise gestiegene Lebenserwartung mit den damit verbundenen Veränderungen der Alterspyramide bewirkten nachhaltige Veränderungen im wirtschaftlichen und sozialen Leben. Charakteristisch für den Anbruch einer neuen Zeit wurde die Entkoppelung der Arbeitszeit von der Maschinenzeit und die zunehmende Bedeutung von Wissen als Produktionsfaktor.

Kopfarbeit wird wichtiger als Muskelkraft, rauchende Schlote werden durch rauchende Köpfe ersetzt.

Die rasante ökonomische Entwicklung nach den Zweiten Weltkrieg hat nach einer Phase der Euphorie des Wiederaufbaues auch die Infragestellung des Erreichten und der gesellschaftlichen Werte mit sich gebracht. Die Auflehnung gegen materielle Erfolge als primäres Lebensziel und gegen autoritäre Strukturen sowie die Frage nach der Sinnhaftigkeit des technischen Fortschritts – weil in der Tat nicht jeder Schritt ein Fortschritt ist – gipfelten in den Studentenrevolten des Jahres 1968. Gesucht und gefordert wurden neue gesellschaftliche Werte und neue Formen des sozialen Zusammenlebens.

Der vom Club of Rome Anfang der 70er Jahre veröffentlichte Bericht „Die Grenzen des Wachstums", in dem die Verknappung der Rohstoffe als zentrales Weltproblem mit desaströsen Folgen dargestellt wurde – die sich im übrigen vielfach als überzeichnet erwiesen haben –, wurde zum Tragpfeiler für die sich neu herausbildende Ökologiebewegung und für basisdemokratische Initiativen.

In Reaktion auf den Kalten Krieg, die Eskalation des Vietnamkrieges, die Kriege im Nahen Osten und die Niederschlagung des Prager Frühlings durch den „Panzerkommunismus" (Ernst Fischer) kam es zu einer von den Jugendlichen der westlichen Industriestaaten getragenen Friedensbewegung. Das Motto lautete: „Flower-Power": Blumen und Liebe statt Krieg und Aggression (make love not war). Es bildete sich eine eigene Jugendkultur aus, für die die Hippiebewegung zum Überbegriff wurde. Diese wurde in den späten 80er Jahren von der Yuppiekultur der jungen wirtschaftlichen Aufsteiger abgelöst. Insgesamt ist die Jugend ein viel bedeutsamerer wirtschaftlicher und politischer Faktor geworden, als dies je zuvor in der Geschichte der Fall war.

Die Schattenseiten der eruptiven gesellschaftlichen Veränderungsprozesse zeigten sich in der Verbreitung von Drogen und dem Entstehen neuer Terrorbewegungen, wie der RAF in Deutschland oder der Roten Brigaden in Italien, deren Ziel die Erschütterung des kapitalistischen Ordnungssystems war. Die beiden militanten Bewegungen, denen u.a. Aldo Moro, ehemaliger Ministerpräsident von Italien, und Alfred Herrhausen, Vorstandsvorsitzender der Deutschen Bank AG, durch Mord zum Opfer fielen, konnten schließlich niedergerungen werden.

Auch an Österreich gingen die neuen gesellschaftlichen Entwicklungen nicht vorbei, allerdings in einer abgemilderten, entradikalisierten Form. So meinte denn auch Papst Paul VI., als er Bundespräsident Franz Jonas am 18. November 1971 zur Audienz empfing, Österreich komme ihm vor wie eine „Insel der Seligen". Dieses Zitat wurde bald zum geflügelten Wort, wenngleich sich auch Österreich von der internationalen Entwicklung nicht abkoppeln konnte.

Am 15. August 1971 wurde durch die Erklärung des amerikanischen Präsidenten Nixon die Goldkonvertibilität des Dollars suspendiert. Damit fiel das System fixer Wechselkurse, die 1944 im Abkommen von Bretton Woods in den USA festgelegt worden waren. Die Goldkonvertibilität des US-Dollars konnte aufgrund des sich rasch ausweitenden Welthandels nicht mehr aufrechterhalten werden (Robert Triffin). Den daraus resultierenden Turbulenzen auf den Währungsmärkten wurde von Österreich mit der sogenannten Politik des harten Schillings durch eine Bindung des Schillings an die D-Mark erfolgreich begegnet. Die „D-Markization" der österreichischen Währung beruhte auf dem theoretischen Ansatz des an der Columbia University lehrenden Professors Robert A. Mundell, dem für seine wissenschaftlichen Arbeiten zur Einrichtung optimaler Währungszonen 1999 der Nobelpreis verliehen wurde.

Diese währungspolitische Ausrichtung, die den Euro praktisch vorwegnahm, wurde anfänglich von der Wirtschaft, vor allem von der Industriellenvereinigung und der Bundeswirtschaftskammer, abgelehnt und von FPÖ und ÖVP politisch bekämpft. Sie konnte schließlich vom Finanzminister, wenn auch gegen den erklärten Widerstand des eigenen Regierungschefs Bruno Kreisky, mit der besonderen Unterstützung des ÖGB und dessen Präsidenten Anton Benya durchgesetzt werden. An diesem Konflikt ist das besondere Vertrauensverhältnis des Bundeskanzlers zu seinem Finanzminister zerbrochen, das allerdings bereits auch durch andere divergierende Einschätzungen, wie etwa der Bewältigung der Krise der verstaatlichten Industrie oder durch die Frage der Finanzierung des Wohlfahrtsstaates, belastet war.

Im Oktober 1973 erschütterte der erste Erdölpreisschock die Weltwirtschaft. Dieses Ereignis blieb den Österreichern mit Warteschlangen vor den Tankstellen, autolosen Sonntagen und „Pickerltagen" in Erinnerung. Die nachfolgende wirtschaftliche Krise beendete die Zeitspanne der außergewöhnlichen weltweiten Prosperität nach dem Zweiten Weltkrieg, die nachträglich im angloamerikanischen Raum als „Goldenes Zeitalter" (Golden Age) oder in Frankreich als die „glorreichen Dreißig" (les trente glorieuses) bezeichnet wird.

Viele sahen die Erdölkrise auf ein reines Versorgungsproblem beschränkt. Als Ausdruck einer nachhaltigen Verschlechterung des wirtschaftlichen Klimas wurde sie zum damaligen Zeitpunkt von nur wenigen erkannt. Die Verschlechterung der wirtschaftlichen Lage hat in besonderem Maße die Unternehmen der verstaatlichten Industrie getroffen. Von Regierungsseite wurde dabei – entgegen der Position des ressortunzuständigen Finanzministers – auf eine Strategie der Strukturerhaltung statt auf Strukturanpassungen gesetzt. Dies führte unweigerlich zum Desaster. Die Unternehmen mußten mit einem Kostenaufwand von 10,9 Mrd. Euro und dem Verlust von 40.000 Arbeitsplätzen saniert werden. Für den weiteren Erfolg der verstaatlichten Unternehmen war insbesondere die verminderte Einflußnahme der öffentlichen Hand als Eigentümer und die Übertragung der unternehmerischen Verantwortung an das Management entscheidend.

Im übrigen hat die Explosion des Ölpreises das morsche Wirtschaftssystem der Sowjetunion mit ihren beträchtlichen Ölförderungen geholfen, sich noch einige Jahre weiter zu schleppen.

In Österreich wurde dem Konjunktureinbruch von 1973, der schließlich zum Wachstumsknick von 1975 führte, und den Auswirkungen des zweiten Erdölpreisschockes von 1979 mit einer Reihe von finanz- und wirtschaftspolitischen Maßnahmen entgegengewirkt. Die damit verbundene pragmatisch ausgerichtete Wirtschaftspolitik, der kein Patentrezept zugrunde lag, wurde bald mit Ettiketierungen versehen. Je nach Schwerpunktlegung der Betrachtungsweise wurde der wirtschaftspolitische Mix aus Hartwährungs-, Budget- und Einkommenspolitik, ergänzt durch Stabilisierungsabkommen zwischen Finanzministerium, Notenbank und Kreditapparat, etwas übertrieben entweder als „Austro-Keynesianismus" (Hans Seidel) oder als „Austro-Monetarismus" (Gottfried Haberler) bezeichnet.

Während des Dezenniums 1970–1980 befand sich Österreich auf der wirtschaftlichen Überholspur und erlangte Europareife. Die wirtschaftlichen Wachstumsraten lagen über dem europäischen Durchschnitt, die Arbeitslosenrate betrug im Jahresdurchschnitt 2%, die Höchstzahl der arbeitslos gemeldeten Personen wurde im Mai 1978 mit 58.600 erreicht. Die Inflationsrate verblieb in den 70er Jahren trotz der Erdölteuerung auf einstelligem Niveau. Österreich war in Europa neben Deutschland und der Schweiz, ungeachtet zweier Erdölpreisschocks, dank des harten Schillings das preisstabilste Land.

Eine 1998 vom Linzer Meinungsforschungsinstitut IMAS durchgeführte Umfrage hat ergeben, daß die Österreicher davon überzeugt sind, daß es dem eigenen Land im Grunde noch nie so gut gegangen sei wie in den drei letzten Jahrzehnten des Jahrhunderts. Am allerbesten schnitt nach Meinung der Erwachsenen aber die „goldene Zeit" der 70er Jahre ab. Ihre dynamische Wirtschaftsentwicklung, geringe Arbeitslosigkeit und die für viele damals deutlich spürbare Wohlstandssteigerung sind im Gedächtnis vieler Menschen präsent geblieben.

In der Rückschau werden in stereotyper Weise immer wieder die Regierungsverantwortlichen hinsichtlich der Wirtschaftspolitik der 70er Jahre beschuldigt, eine gigantische Staatsverschuldung eingeleitet zu haben, die als Hypothek die nächsten Jahrzehnte belastet habe. Tatsache ist, daß in den Jahren 1969 bis 1972 die jeweiligen Bundesbudgets Nulldefizite aufwiesen. Die Staatsschuld betrug 1972 3,64 Mrd. Euro. Aufgrund der von der Bundesregierung in den Jahren 1974 bis 1977 beschlossenen konjunkturstützenden Maßnahmen zur Erhaltung der Vollbeschäftigung und zur Förderung des Strukturwandels ist in der Folge das Defizit des Bundesbudgets und damit die Staatsschuld erheblich angestiegen. Das Nettodefizit des Bundes erreichte 1977 3,6% des Bruttoinlandsproduktes, die Staatsverschuldung 11,9 Mrd. Euro.

Allerdings schloss an diese Phase der expansiven Budgetpolitik, als dritte in diesem Zeitraum, ein budgetärer Konsolidierungskurs an. Dabei gelang es, das Nettodefizit des Bundes im Jahr 1981 wieder auf 2,5% des BIP zu drücken, ohne daß damit eine Vernachlässigung öffentlicher und vor allem zukunftsgerichteter Investitionen verbunden gewesen wären. Vielmehr konnte trotz eines neuerlichen Erdölpreisschockes im Jahr 1979 bei anhaltender Vollbeschäftigung und rückläufigen Inflationsraten 1982 auch wieder eine ausgeglichene Leistungsbilanz erreicht werden. Die Staatsschuld ist zwischen 1969 und 1981 von 3.169 Mio. Euro auf 21.459 Mio. Euro angestiegen.

Mit der 1981 erzielten Reduktion des Nettodefizites auf 2,5% wurde der Kriterienkatalog von Maastricht, der 12 Jahre später wirksam wurde, gleichsam vorweggenommen. 1981 wurde noch der sogenannten „Seidel-Formel" entsprochen. Der ehemalige Leiter des WIFO, Prof. Seidel, hat in einer vom Finanzminister in Auftrag gegebenen Studie die bei durchschnittlicher Konjunktur in Österreich eine sinnvolle Neuverschuldung in Höhe von 2,5% als budgetäre Zielvorgabe berechnet.

Zu den die Welt verändernden Ereignissen der letzten 20 Jahre des 20. Jahrhunderts und dem beginnenden 21. Jahrhundert zählte 1978 die Wahl von Deng Xiaoping zum Staatspräsidenten von China mit bis heute weitreichenden Folgen, 1979 der Sturz des Schah-Regimes im Iran sowie der Einmarsch der Sowjets in Afghanistan, die dort ihr Vietnam erlitten, 1989 der Zerfall des Sowjetimperiums und der Sowjetunion selbst und die Beseitigung des Eisernen Vorhanges, 1992 die Wiedervereinigung der beiden deutschen Staaten, 1995 die Vergrößerung der EU auf 15 Mitgliedstaaten, darunter auch Österreich, 2001 der terroristische Zerstörungsangriff auf das World Trade Center in New York und das Pentagon in Washington, 2002 die Einführung des Euro als neue Gemeinschaftswährung der EU, 2003 die Eskalation des Konfliktes der USA mit dem Irak und Nordkorea.

Diese Konflikte und der neue Terrorismus trugen zur weiteren Verschlechterung der angespannten Weltkonjunktur bei. Deren krisenhafte Entwicklung resultierte insbesondere aus noch nicht bewältigten Strukturveränderungen der Globalisierung und dem Platzen der Spekulationsblasen an den Börsen, die durch beispiellose Überinvestitionen wie etwa im Telekommunikations- und Internetsektor, aber auch kriminelle Machenschaften einzelner Manager von Großunternehmen, die in beispielloser Gier in die eigene Tasche gewirtschaftet hatten, ausgelöst worden war und noch lange nicht korrigiert ist.

In Europa wirkten sich zur Krisenbekämpfung die im Maastricht-Vertrag festgeschriebenen und 1993 in Kraft getretenen Stabilitätskriterien, die die einzelnen EU-Staaten zur strikten Haushaltsdisziplin verpflichten, erschwerend aus. Diese waren ohne Zweifel eine notwendige Reaktion auf die unsolide Finanzwirtschaft seit Mitte der 80er Jahre, als europaweit hohe Schulden zur Finanzierung des Sozialstaates eingegangen wurden, so daß die Zinsen einen immer größeren Teil der Steuereinnahmen fraßen. Diese Fehlentwicklung war zweifellos zu korrigieren.

Mit dem Vertrag von Maastricht vom 1. 11. 1993 hat sich die EU in Vorbereitung für einen einheitlichen Währungsraum zu einem Stabilitätspakt verpflichtet. Die sogenannten Maastricht-Kriterien wurden im Vertrag von Amsterdam 1977 im Rahmen des „Stabilitäts- und Wachstumspaktes" zwar um die Verpflichtung zugunsten einer aktiven Beschäftigungspolitik ergänzt, die damit verbundenen Aufgaben aber vernachlässigt, wie sich am Beispiel transeuropäischer Netze bald zeigte, deren Ausbau ebenso dringlich erforderlich ist wie weitere zukunftsgerichtete Investitionen in Bildung und Forschung.

Dieser Befund findet auch in Österreich eine Entsprechung, wo beginnend mit 1983, insbesondere aber seit 1986, bei rückläufigen Investitionen ein riesiger Schuldenberg angehäuft worden ist, mit dem vor allem die wachsenden Ausgaben des Sozialstaates (Frühpensionen, Erhöhung des Karenzgeldes, Einführung der Pflegeversicherung) und des öffentlichen Dienstes finanziert wurden. In der Zeit zwischen 1986 und 1999 ist der Schuldenstand des Bundes von 44.830 Mio. Euro auf 117.974 Mio. Euro, also um 73.144 Mio. Euro beziehungsweise um 163% angestiegen. Diese Entwicklung, an der nicht nur die SPÖ, die 1986–1999 den Kanzler stellte, sondern auch deren Koalitionspartner ÖVP die politische Verantwortung trägt, war zweifellos zu korrigieren. Die wirtschaftspolitischen Maßnahmen des VP-FP-Kabinetts Schüssel I (1999–2002) dienten aber nur der Budgetkosmetik, waren jedoch einer dauerhaften budgetpolitischen Sanierung nicht dienlich. Österreich erreichte im Jahr 2001 vielmehr mit 45,9% die höchste Abgabenquote seiner Geschichte und bei einer anhaltend hohen Arbeitslosigkeit mit 146.551 Mio. Euro einen neuen Verschuldungshöchststand.

Wenn Österreich an einer Fortsetzung seiner in der Zweiten Republik begonnene Erfolgsstory gelegen ist, dann wird eine konzertierte Reform- und Modernisierungsoffensive unter Einbeziehung aller wirtschafts- und sozialpolitisch relevanten Kräfte unumgänglich sein. Diese Reformen werden insbesondere auch die Bundesländer mit ihren mächtigen Landesfürsten einbeziehen und Niederschlag in einer Verwaltungs-Verschlankung und im Finanzausgleich finden müssen – Stichwort: Bundesstaatsreform. Dieses Thema ist auch ein Beispiel für ein weiteres österreichisches Kuriosum: Der in der Verfassung verankerte Bundesrat als zweite Kammer des Parlaments ist bedeutungslos, die informelle Konferenz der Landeshauptleute hat aber großen Einfluß. Umgekehrt hat die gesetzlich nicht verankerte Institution der Sozialpartnerschaft als bewährtes und der österreichischen Mentalität entsprechendes Konfliktregulierungsmodell zwischen Arbeitgeber- und Arbeitnehmerinteressen an Bedeutung deutlich verloren.

Die Welt im Umbruch und Europa im Wandel

1989 fiel die Berliner Mauer am 9. 11. und 2001 fielen die Twin-Tower in New York am 11. 9. Diese Epochenzäsuren markieren vor dem Hintergrund tiefgreifender technologische Veränderungen und rasanter Entwicklungen den Beginn einer neuen Zeit.

Der Untergang des kommunistischen Sowjetimperiums im „annus mirabilis" 1989 hat bei manchen zeitgenössischen Philosophen und Historikern den gleichen Glauben an das „Ende der Geschichte" entstehen lassen wie bei Polybius die Apotheose des Römischen Reiches, bei Joachim von Fiore die Hochblüte des Mittelalters oder bei Hegel die Ausbreitung der Französischen Revolution. Von Francis Fukuyama wiederum wurde der Niedergang des Kommunismus als endzeitlicher, weltumspannender Triumph des Westens apostrophiert – der Sieg des kapitalistischen Wirtschaftssystems und der liberalen Demokratie.

Viele glaubten damals voller Euphorie an den Anbruch einer neuen Ära, eines goldenen Zeitalters, das nach Beendigung des in Jalta eingeleiteten europäischen Schismas den Aufbau eines friedlichen und prosperierenden europäischen Hauses vom Atlantik bis zum Ural ermöglicht. Die von Immanuel Kant entworfene Utopie des „Ewigen Friedens", dessen Ideal eine öffentliche Ordnung Europas und der Welt umfaßt, in der republikanisch verfaßte Staaten rechtlich zu einem Völkerbund zusammengeschlossen sind, schien zur realistischen Perspektive zu werden. Doch die Geschichte kehrte zurück. Friedlich bei der Teilung der Tschechoslowakei, in Gestalt der bösen Dämonen auf dem Balkan, in Tschetschenien, im Konflikt Irak-Iran. Der 11. September 2001 wurde zum Symbol für das Ende vom Ende der Geschichte.

Die apokalyptischen Reiter galoppieren wieder. In der Apokalypse des Johannes versinnbildlichen sie, meisterlich dargestellt von Albrecht Dürer, Krieg, Pest, Hungersnot und Tod. Zu Beginn des 21. Jahrhunderts treten sie uns in anderer Gestalt entgegen: in Form eines weltweit agierenden Terrorismus, als organisierte Kriminalität, ABC-Waffen, neue Seuchen, Armut, Hunger, Mangel an sauberem Wasser, durch von Menschenhand versursachte Klimaänderungen infolge einer rücksichtslosen Ausbeutung der Natur. Die damit verbundenen Gefahren und Problemstellungen werden sich nur auf dem Weg einer verstärkten internationalen Zusammenarbeit lösen lassen. Der Soziologe Daniel Bell erkannte schon vor einem halben Jahrhundert, daß die einzelnen Staaten für kleine Aufgaben zu groß und für große Aufgaben zu klein geworden sind.

Das 21. Jahrhundert wird das der Globalisierung sowie der Informations- und Wissensgesellschaft. Beide neuen Phänomene basieren auf technologischen Revolutionen. Wissen wird zum wichtigsten Rohstoff. Die zukunftsweisenden Branchen stützen sich vor allem auf Kopfarbeit. Die Wissensgesellschaft wird die erste menschliche Gesellschaft sein, die unbegrenzt Aufstiegschancen bietet. Wissen, das nicht vererbt werden kann, sondern alleine an seinen Träger gebunden ist, muß von jedem Menschen aufs Neue erworben werden. Die bestmöglichen Voraussetzungen für Vermittlung von Bildung und Wissen wird daher zu einem wichtigen Standortfaktor und Indikator für persönlichen und volkswirtschaftlichen Wohlstand werden. Das Arbeitsmotto der Zukunft lautet Inspiration statt Transpiration (Paul Krugman). Der Produktionskapitalismus wird zum Wissenskapitalismus. Die Entwicklung der Globalisierung als neues weltumspannendes Phänomen basiert vor allem auf technologischen Neuerungen im Bereich der Kommunikations-, Informations- und Verkehrstechnologien. Nicht nur die Wirtschaft globalisiert sich, es gibt auch eine politische, militärische und kulturelle Globalisierungsentwicklungen.

Die Globalisierung beruht im Unterschied zur Internationalisierung auf dem Prinzip einer ganzheitlichen wirtschaftlichen Integration. Unternehmen produzieren in zunehmenden Maße dort, wo die besten Produktionsbedingungen herrschen, sich aber auch neue Absatzchancen eröffnen. Dies setzt Schaffung von Kaufkraft gerade in Schwellen- und Entwicklungsländern voraus. Dazu tragen in bedeutender Weise ausländische Direktinvestitionen bei. Die lokale Bevölkerung erlangt Beschäftigung und Einkommen, zugleich profitieren die einzelnen Länder von dem mit diesen Investments verbundenen Transfer von Technologie und Know-how sowie vom Zugang zu neuen Märkten. In diesem Sinne eröffnet die Globalisierung neue Perspektiven für wirtschaftliches Wachstum und die Mehrung des Wohlstandes aller Nationen und Menschen, auch wenn nicht alle sofort den gleichen Nutzen daraus ziehen können. Zu den Globalisierungsverlierern zählen die Staaten mit den am stärksten geschlossenen Volkswirtschaften, wie Nord-Korea, Burma oder Zimbabwe.

Die Bereitschaft zur Marktöffnung und zur Teilnahme an internationalen Bedingungen war schon immer Voraussetzung für wirtschaftliche Prosperität.

Die Internationalisierung der Wirtschaft, die nunmehr von der Globalisierung abgelöst wird, ist so alt wie die Zivilisationsgeschichte der Menschheit. Dies beweisen die legendären Handelsrouten der Seiden-, Salz-, Bernstein- und Weihrauchstraßen. Die Entdeckung Amerikas sowie die Umschiffung des Kaps der guten Hoffnung haben im Welthandel neue Dimensionen geschaffen. Besondere Intensität erreichte die weltweite Handelsintegration unter der „Pax Britannica" in der zweiten Hälfte des 19. Jahrhunderts. Eine ähnlich intensive Verflochtenheit, allerdings unter Berücksichtigung des gestiegenen Niveaus der Bevölkerung und des Weltsozialproduktes, wurde erst wieder in den 70er Jahren des letzten Jahrhunderts erreicht.

Zwischen 1914 und 1945 hat die wirtschaftliche Internationalisierung durch die mit den Ideologien von Kommunismus, Faschismus und Nationalsozialismus einhergehenden politischen Entwicklungen und durch die Kurzsichtigkeit der großen Demokratien USA, Großbritannien und Frankreich einen schweren Rückschlag erlitten. Die wirtschaftspolitische Kehrtwende in Richtung Isolation, Protektionismus und De-Liberalisierung führte rasch in die ökonomischen Krise (von der Österreich besonders betroffen war) und in weiterer Folge in die politische Katastrophe. Dieselben makroökonomischen Wegzeichen der Abschottung und der Autarkiebestrebungen führten Jahrzehnte später zum implosiven Zusammenbruch der Sowjetimperiums.

Im Gegensatz dazu hat die zunehmend liberale Ausrichtung der weltwirtschaftlichen Rahmenbedingungen nach 1945 unter der „Pax Americana" zum Aufbau und zum wirtschaftlichen Wiederaufstieg Westeuropas und Japans geführt, aber auch vielen Ländern der Dritten Welt die Entwicklung zu industrialisierten Schwellenländern ermöglicht. Mit der integrativen Dynamik der Globalisierung ergibt sich für die Länder der dritten und vierten Welt die Chance, wirtschaftlich aufzuholen und am Wohlstand zu partizipieren.

Das Anliegen, eine gerechte Welt- und Wirtschaftsordnung zu schaffen sowie das Nord-Süd-Wohlstandsgefälle auszugleichen, steht in der Debatte pro und contra Globalisierung grundsätzlich außer Streit. Kernpunkt der Auseinandersetzung ist vielmehr der Weg zum Ziel. Im Kampf um eine bessere Welt sind neue Protestgruppen mit unterschiedlichen Motiven und Aufgabenstellungen entstanden. Manche der von Globalisierungsgegnern vorgebrachten Vorwürfe sind berechtigt. Zu einfach gestrickte „Lösungsvorschläge" wie Antikapitalismus, Antimarktwirtschaft, Autarkie, Protektionismus und Antiamerikanismus sind jedoch ebenso strikt abzulehnen wie anarchistische Gewalttätigkeit.

Unbestritten benötigt der globale Kapitalismus ein Regelwerk, das den internationalen Geldverkehr ebenso einschließt wie die Öffnung der Märkte der Industriestaaten für Produkte der Länder aus der Dritten und Vierten Welt. Im

Interesse der Entwicklungsländer wird dies auch landwirtschaftliche Produkte einschließen müssen. Dies erfordert ein neues Verständnis der Zusammenarbeit im Sinne eines gemeinsamen Ganzen. Gleiches gilt auch für die internationale Politik.

Das 20. Jahrhundert war das amerikanische. Die USA haben sich nach dem Zerfall der Sowjetunion und der Beendigung des Gleichgewichts des Schreckens im Kalten Krieg zum Hegemon der Welt entwickelt. Es deutet vieles darauf hin, daß die USA diese Rolle noch lange beibehalten werden. Seit dem Römischen Kaiserreich hat kein Staat eine so große relative Macht besessen wie die Vereinigten Staaten zu Beginn des 21. Jahrhunderts.

Auf den ersten Blick wirkt der Unterschied zwischen der Macht Amerikas und derjenigen der übrigen Welt immens. Militärisch gesehen sind die Vereinigten Staaten das einzige Land, das über Atomwaffen und konventionelle Schlagkraft von globaler Reichweite verfügt, und die USA sind auf dem Sektor der militärischen Informationstechnologien führend. Die Militärausgaben betragen mehr als 40% des globalen Verteidigungsbudgets. Wirtschaftlich entspricht der 31%-Anteil Amerikas am Weltprodukt demjenigen der nächsten vier Länder (Japan, Deutschland, Großbritannien und Frankreich) zusammengenommen. Auf medienkulturellem Gebiet stehen die Vereinigten Staaten mit ihrem Film- und Fernsehexport bei weitem an erster Stelle. Ihre Colleges und Universitäten ziehen jedes Jahr die meisten ausländischen Akademiker an, weiters werden 46% der globalen Forschungsausgaben in den USA getätigt. Dazu kommt, daß die Kommikationssprache der Wissenschaft und vieler anderer Bereiche heute Englisch ist.

Die USA sind auch vom Problem des „Agequake", der bevorstehenden Altersbeben, weniger betroffen als die anderen Industriestaaten. Vor allem Europa und Japan sind mit einer Bevölkerungsentwicklung konfrontiert. Bei stark rückläufigen Geburtenraten werden die Menschen zunehmend älter. Deutschland etwa wird in der Mitte des 21. Jahrhunderts um 10 bis 12 Millionen Einwohner weniger zählen als heute. Die österreichische Bevölkerung wird in den nächsten 50 Jahren voraussichtlich um eine halbe Million Einwohner schrumpfen, wenn es zu keinen entsprechenden Zuwanderungen kommt. Von der verbleibenden Bevölkerung wird mehr als ein Drittel über 60 Jahre alt sein. Derzeit beträgt der Anteil dieser Altersgruppe noch ein Fünftel.

Die USA konnte sich von dieser demografischen Tendenz in den entwickelten Industrieländern erfolgreich abkoppeln. In den Vereinigten Staaten hat sich die Bevölkerung in den 1990er Jahren um 30 Millionen vermehrt, wobei zwei Drittel dieses Wachstums auf einen Geburtenüberschuß zurückzuführen sind und nur ein Drittel auf legale und illegale Zuwanderung. 2050 wird die Bevölkerung von derzeit 280 Millionen auf 400 Millionen oder mehr angestiegen sein. Zu dieser gesunden demografischen Entwicklung trägt auch die Fortsetzung der aktiven Immigrationspolitik der USA bei. Die Kinder der vor allem von aus Asien und Lateinamerika eingebürgerten Zuwanderern sichern den USA eine sich immer wieder verjüngende Gesellschaft, aber auch einen Zuwachs an Konsumenten und Arbeitskräften. Darüber hinaus profitiert Amerika vom gesellschaftlichen Aufstiegswillen der Zuwanderer und ihren kulturellem Impulsen.

Für Japan und Europa stellen diese demografischen Veränderungen hingegen eine tickende Zeitbombe mit ungeheuren, in ihrer Tragweite vielfach noch gar nicht abschätzbaren Konsequenzen dar, wovon viele Bereiche betroffen sein werden. Das politische und öffentliche Problembewußtsein ist noch wenig ausgeprägt.

Die USA werden im 21. Jahrhundert dem Problem gegenüberstehen, daß sich immer mehr Dinge der Kontrolle des mächstigsten Staates der Welt entziehen werden. Die Vereinigten Staaten beherrschen die traditionellen Methoden der Macht. Vieles von dem, was zunehmend in der Welt geschieht, wird sich mit den herkömmlichen Kontrollmethoden nicht mehr erfassen lassen. Unter dem Einfluß von Informationsrevolution und Globalisierung verändert sich die Weltpolitik in einer Weise, die es den Amerikanern zunehmend erschwert, internationale Ziele alleine zu erreichen. Ein Beispiel unter vielen ist die finanzielle Stabilität, die für die Prosperität Amerikas von grosser Bedeutung ist. Diese kann nur in Zusammenarbeit mit anderen Staaten erreicht werden. Amerika muß sich daher internationaler Bündnisse versichern. Dies gilt auch für die Bekämpfung des neuen Terrorismus, die sich auch gegen nichtstaatliche Akteure richten muß, wie der 11. September gezeigt hat. Die größere Herausforderung für Amerika besteht darin, daß es seine unilaterale Politik auf Dauer nicht aufrecht erhalten wird können (Joseph S. Nye). Damit ergeben sich auch für Dritte neue Einflußperspektiven auf das internationale Weltgeschehen.

Europa wird sich nur dann international mehr Einfluß verschaffen können, wenn es seine Kräfte bündelt. Die wirtschaftliche Integration und der Euro haben Europa zu Beginn des 21. Jahrhunderts zu einem ökonomischen Riesen werden lassen, politisch und militärisch ist es aber ein Zwerg geblieben. In Anlehnung an die Xenien von Goethe und Schiller ließe sich daher fragen: „Europa – aber wo liegt es? Ich weiß das Land nicht zu finden". Oder, mit Henry Kissinger gesprochen: „Wenn ich Europa anrufen will, welche Nummer wähle ich dann?"

Europa ist zu Beginn des 21. Jahrhunderts einmal mehr mit einer historischen Weichenstellung für seine Zukunft konfrontiert. Nach dem Zweiten Weltkrieg hat Golo Mann über Europa gemeint: „Was war Europa? Alles. Was ist es heute? Nichts. Was will es werden? Etwas." Fünfzig Jahre nach Beginn der europäischen Integrationsbewegung steht Europa vor der epochalen Entscheidung, auf der Bühne einer neuen Weltordnung entweder Spielball zu werden oder zu einem ernstzunehmenden Player im Spiel der Mächtigen aufzusteigen. Im Konzert der Weltmächte, vor allem aber gegenüber den USA, wird sich Europa letztlich nur dann erfolgreich behaupten können, wenn der schon beschlossenen gemeinsamen Außen- und Sicherheitspolitik eine wirkungsvolle Gestalt gegeben wird. Dies ist auch in Hinblick auf Konflikte wie in Jugoslawien geboten, zu deren Befriedung die militärische Intervention der USA notwendig war, da sie von Europa selbst nicht beigelegt werden konnten. Damit Europa nach außen handlungsfähig wird, muß es sich zuvor als tragfähige politische Gemeinschaft konsolidieren.

Für dieses Vorhaben ist es wichtig, einen „europäischen Patriotismus" zu entwickeln, der über die bestehenden Beziehungen zur jeweiligen Heimat hinaus eine weitere persönliche Identifikation mit Europa ermöglicht. Dazu wird auch, ähnlich wie in den USA oder in Asien, auf Grundlage der kulturellen Vielfalt die Ausbildung eines „European way of life" notwendig sein, für den ein gemeinsames Geschichtsverständnis zu einer wichtigen Klammer werden kann.

Mit der wirtschaftlichen Integration Europas wurde die Grundlage für die friedliche Entwicklung im westlichen Nachkriegseuropa geschaffen. Um das Werden Europas, das auf die visionäre Kraft von Konrad Adenauer, Richard Nikolaus Coudenhove-Kalergi, Alcide de Gasperi, Jean Monnet, Robert Schuman oder Paul Henri Spaak beruht, haben sich vor allem Willy Brandt, Lord Cockfeld, Jacques Delors, Helmut Kohl, Francois Mitterand und Helmut Schmidt und andere mehr große Verdienste erworben.

Der legendäre Satz von Jean Monnet: „Wer nicht mehr frei über Energie und Stahl verfügt, kann keinen Krieg mehr erklären", war die Triebfeder für die vor knapp 50 Jahren, am 18. April 1951, gegründete Europäische Gemeinschaft für Kohle und Stahl. Nach den tragischen Versuchen, Europa zu germanisieren, war es nunmehr an der Zeit, Germanien zu europäisieren. Daraus erwuchs zunächst der gemeinsame Markt, dann der EU-Binnenmarkt, das europäische Währungssystem und zuletzt die europäische Währungsunion. In West- und Mitteleuropa mußten in den letzten 55 Jahren keine neuen Gedenktafeln für im Kriege gefallene Soldaten aufgestellt werden. Sieht man vom amerikanischen Sezessionskrieg im 18. Jahrhundert ab, so hat es übrigens innerhalb einer Währungsunion noch nie Krieg gegeben.

Die Erweiterung der EU ist daher auch ein enorm wichtiges Vorhaben zur kontinentalen Friedenssicherung. An diesem Projekt müßte Österreich nicht nur aufgrund der Logik seiner Geographie, sondern auch aufgrund der Logik seiner Geschichte und seiner kulturellen Verbundenheit größtes Interesse haben. Dieser wichtige Aufgabenschwerpunkt ist seit Niedergang des Eisernen Vorhanges aus politischer Kurzsichtigkeit eher stiefmütterlich behandelt worden. Dies zeigt unter anderem die unzulängliche direkte Verkehrsverbindung von Wien nach Bratislava auf österreichischer Seite. Österreichs historisch begründete Nachbarschaftsverpflichtungen gehen weit über jene Länder hinaus, die als EU-Beitrittskandidaten über eine physische Grenze mit Österreich verfügen. Vielmehr sind auch Polen, Kroatien und Serbien, aber auch Rumänien und Bulgarien in das Verständnis von österreichischen Nachbarstaaten miteinzubeziehen.

Österreich zählte im Zuge der Ostöffnung zu den großen Gewinnern. Während der ersten 12 Jahre der Transformation hat Österreich mit den Staaten Osteuropas einen Handelsbilanzüberschuß von 15 Mrd. Euro erwirtschaftet, was einer Exportsteigerung um 600% gleichkam. Ohne diese Exporte wäre Österreichs Wirtschaft in diesem Zeitraum bedeutend langsamer gewachsen, betrugen doch der Anstieg der Ausfuhren in die übrige Welt im selben Zeitraum nur 160%, womit auch 50.000 Arbeitsplätze geschaffen und erhalten wurden. Auch von der EU-Erweiterung ab 2004 wird Österreich neben Deutschland am meisten profitieren.

Im Zuge der zunehmenden europäischen Integration und Globalisierung samt weltweiter Liberalisierung und Deregulierung ist eine eigenständige nationalstaatliche Wirtschaftspolitik nicht mehr im selben Ausmaß wie in der Vergangenheit möglich. Dennoch verbleibt einem Land wie Österreich eine Fülle von Gestaltungsmöglichkeiten. Aufgabe nationaler Politik im globalen Wettbewerb ist, den Wirtschaftsstandort so attraktiv wie möglich zu gestalten und eine hervorragende Infrastruktur, ein zukunftsorientiertes Bildungssystem, eine effiziente Verwaltung, innere und äußere Sicherheit, eine intakte Umwelt und ein zukunftsweisendes Sozialsystem bereitzustellen. Aufgabe der Politik ist weiters die Verwirklichung von gelebter gesellschaftlicher Solidarität durch ein demokratisches sozialpolitisches System, das auf den von Roosevelt in seiner berühmten Rede beschworenen vier Freiheiten – Meinungsfreiheit, Glaubensfreiheit, Freiheit von Not und Freiheit von Furcht – aufbaut und die Menschen vor den vom liberalen englischen Sozialpolitiker Lord Beveridge so benannten fünf bösen Riesen – Not, Krankheit, Elend, Arbeitslosigkeit und Unwissenheit – schützt.

Die ursprünglich an den Sozialstaat gestellten Ansprüche – ein Mindestmaß an sozialer Sicherheit bei Krankheit, Invalidität oder Arbeitslosigkeit sowie eine ausreichende Altersversorgung –, werden heute bei weitem übertroffen. Insbesondere in Westeuropa kam es im Gefolge des Wiederaufbaus nach dem Zweiten Weltkrieg zu einer historisch einmaligen Wohlstandsentwicklung. Eric Hobsbawm hat mit Recht darauf hingewiesen, daß in den entwickelten Industrieländern ein Durchschnittsbürger heute besser lebt als vor 200 Jahren ein Monarch.

Es gilt, eine Wohlstandsgesellschaft im Sinne von John Kenneth Galbraith zu schaffen, die den Menschen eine hohe Lebensqualität und finanzielle Sicherheit bietet. Das Ideal des Versorgungsstaates nach altem Muster hat ausgedient, weil dieser an die Grenzen der Finanzierbarkeit gestoßen ist und zudem mit den Erfordernissen der Wissensgesellschaft, gekennzeichnet durch Individualität, Mobilität und ständigen Wandel, nicht mehr kompatibel ist. Das ideologische Grundparadigma einer sozialen und ökologischen Marktwirtschaft muß auf soviel Markt, Eigenvorsorge und Eigeninitiative wie möglich und soviel Staat wie notwendig abzielen.

Letztlich wird im großen wie im kleinen Politik nur dann erfolgreich sein können, wenn eine Zusammenarbeit mit allen relevanten gesellschaftlichen Kräften über alle weltanschaulichen, religiösen und kulturellen Grenzen hinweg gefunden werden kann. Dies erfordert eine neue politische Kultur, die auf wirtschaftliche Prosperität und den Dialog als strategisches Mittel für die zu bewältigenden Probleme setzt. In diesem Zusammenhang sei an die prophetischen Worte von Willy Brandt erinnert, der einmal meinte, Frieden ist nicht alles, aber ohne Frieden sei alles nichts. Gefragt ist daher Mut zu Visionen, bedarf es Mut zu Politik, ist Leadership für die zukunftsorientierte Umsetzung erforderlich.

Danksagung

Für ihre Hilfe und wertvollen Anregungen beim Zustandekommen dieses Buches danke ich Josef Christl, Erhard Fürst, Georg Heilingsetzer, Herbert Krejci, Karl Lausecker, Klaus Lohrmann, Beppo Mauhart, Alois Niederstätter, Willibald Pahr, Anton Pelinka, Hubert Pfoch, Hans Seidel, Otto Urban, Peter Weiser und Christine Wesemann. Mein besonderer Dank gilt vor allem Jessica Jarosch, Renate Platzer, Ingrid Sauer und Elisabeth Uthe.

Die Verantwortung für Inhalt und Fehler des Buches trägt der Verfasser selbstverständlich allein, im Sinne Egon Friedells: „Jedes Zeitalter, ja fast jede Generation hat eben ein anderes Ideal *(oder verschiedene, Anm. d. Verf.),* und mit dem Ideal ändert sich auch der Blick in die einzelnen großen Abschnitte der Vergangenheit. Er wird, je nachdem, zum verklärenden, vergoldenden, hypostasierenden Blick oder zum vergiftenden, schwärzenden, obskrierenden, zum bösen Blick."

Zum Autor

Dr. Hannes Androsch, Jahrgang 1938, Politiker-Legende der siebziger und achtziger Jahre (Finanzminister und Vizekanzler in den Kabinetten Bruno Kreiskys), ebenso legendär als Generaldirekor der Creditanstalt-Bankverein, Weltbank-Konsulent, hält als Industrieller Beteiligungen an zahlreichen Unternehmen mit österreichischer Kernkompetenz, engagiert sich in einer Reihe von wissenschaftlichen und kulturellen Institutionen, errichtete die Hannes-Androsch-Stiftung bei der Österreichischen Akademie der Wissenschaften, äußert sich in Artikeln und Kolumnen häufig zum wirtschaftlichen und politischen Geschehen, Verfasser mehrerer Bücher (www.androsch.com).